保育・療育で地域オンリー1になる

保育園運営の教科書

地域課題解決型保育園
「元気キッズグループ」代表
中村敏也

かざひの文庫

はじめに

子どもたちが最高の笑顔になる場をつくる——。

その想いから、わたしは保育園運営事業を始めました。

子どもたちを笑顔にするには、まずは、保育所が素敵な場所になること。

それには、職員が長く定着する環境を整え、いい文化をつくっていく必要があります。

また、代表がしっかりとした知識を持ち、行動しなければ実現しません。

本書は、子どもたちに求められる園を構築できる人を、ひとりでも多く増やすために執筆しました。本書の内容を実践していただければ、志をともにする仲間が集まり、素晴らしい保育園になって、子どもたちが笑顔になる社会が生まれます。


わたしたちの元気キッズグループでは、現在保育所14施設、児童発達支援6施設を運営。児童相談支援事業所、学童保育、病児保育、家宅訪問型保育に携わり、事業所としては2021年8月現在で24施設手がけています。完全地域密着型として、埼玉県南部の朝霞市、志木市、新座市の東京隣接地域の一地区で行っています。おかげさまで複数の自治体からも声がかかり、わたしたちの園を選んでくださるご家庭がとても多くいらっしゃいます。

保育園の運営を始めてから、離職率が低い園を目指してきたのも、子どもたちの笑顔のためです。園内の雰囲気や、働く先生たちが安定していることで、園に集うすべての人たちがしあわせになるような組織をつくっているのです。

本書は、保育や福祉施設の運営に関わる経営者やマネジメントを担うリーダー、これから保育園を立ち上げる予定の人、複数の園を運営していてもっと増やしていきたい人、離職率を下げ、質の高い福祉事業を展開したい人に必要ではないかと思うことを、すべて盛り込みました。ここに至るまでに経験してきたさまざまな失敗や試行錯誤のプロセスも、包み隠さずお伝えしています。

理念に共感してくれるスタッフが集まると、しあわせな組織を築くことができます。

ぜひ、お役に立てていただければ幸いです。

2021年8月　中村敏也

保育園運営の教科書　目次

2章 理想の人材に応募してもらえるための採用の秘訣

3章 新人を育む

6章 複数のツールを通して人を育む 189

7章 園が増えてきたときに気をつけたいこと 203

1章

離職率はとめられる！
イキイキ働ける
園のルール

あなたの園はどうですか？

離職率の多い園の特徴をチェック

保育業界では、保育士不足が問題になっています。

単純に人が定着せずに辞めてしまうだけではなく、やる気の高い人が離職してしまうことも大きな課題です。

スタッフのモチベーションが低いと、園の雰囲気が悪くなり、目に見える園の環境も雑然としていきます。あなたの園ではいかがでしょうか？

以下のような特徴がある場合は、早急に対策が必要です。

□ ゴミが多い
□ あいさつがない
□ スタッフ間で「ありがとう」が聞こえない

- □ 子どもが寄ってこない
- □ おもちゃが少ない
- □ 保育者間で悪口が行き交う
- □ 保護者の悪口が聞こえる
- □ 提出物の期限が守られない
- □ 残業が多い
- □ 職員が権利ばかり主張する
- □ 上下関係が激しい
- □ 会議で意見が出ない
- □ 研修への参加率が低い
- □ 非正規雇用のスタッフへの態度がよくない
- □ スタッフを「さんづけ」で呼ばない
- □ 保護者からのクレームが多い
- □ 転園する家庭が多い

なぜ離職率がとまらないのか

職場の雰囲気を整える

「職場の雰囲気」というと抽象的に聞こえるかもしれませんが、これは誰でも無意識に感じとっているものです。

離職率の高い園には、雰囲気に大きく2つの特徴があります。

1つ目は園が汚いこと。

片づけがされていない乱雑になったままの状態は、すぐに目につくでしょう。

そのままになっていると、そこにいる先生たちの「ここで気持ちよく働きたい」という想いが感じられません。

比例するように、離職率も高くなっていきます。

2つ目は、先生たちの笑顔やあいさつがないこと。

これも、園に入ったときに、ウェルカム感がないため、すぐにわかるでしょう。

あいさつがないと場の雰囲気は本当に悪くなってしまいます。

「おはようございます」

と言うだけで気持ちがいいですし、雰囲気が明るくなるのです。

片づけがされていない、あいさつがないという状態では、足を踏み入れた瞬間に気分が落ちたり、空気が重く感じたりするものです。

こういった雰囲気が悪い園では、離職する人が多くなります。

気をつけたいところです。

トップがワンマンタイプでは、スタッフがついてこない

「子ども主体の保育」を取り入れる

近年、保育観は大きく変わってきています。保育を学ぶ学生たちは、学校で、子ども主体の保育、子どもがやりたいことをさせてあげる保育がいいと教わっています。

それに対して30年前の保育観は「教える保育」でした。

詰め込み型の幼児教育で、長時間の鼓笛隊の練習や、子どもがやりたくなくても走らせたり、飛べるまで跳び箱を飛ばせたりして、できるようになることがいいとされていました。

これは、現在の「子ども主体の保育」からすると真逆の考え方で、完全にNGとされていることです。それでも、子どもがいろいろなことをできるようになるため、いまだに保護者受けがいい保育方法でもあります。

ただ、保護者受けがいいからといって

「昔からの保育が正しいんだ」

と主張する園には、最近の若い先生たちはついていくことができません。

「学校ではいいと教わっていないのに、実際の保育園ではこれがいいんだ…」

とギャップを感じてしまうのです。


このように、学校の保育観と現場の保育観が違いすぎることも、職員の離職が進んでしまう原因になります。これは新人だけでなく、中途採用の人も同じです。その園の保育方針に慣れている人であればいいのですが、違和感がある場合、仕事を続けることはできません。


一方、子ども主体の保育に取り組んでいる園には
「子ども主体の保育に取り組みたくて来ました！　それが実現できるなら転職します！」

と意欲の高い人が集まるようになってきます。

もし昔ながらの保育から新しい保育へと柔軟に変化できるのなら、こういった意欲のある人たちが、園を辞めずに働き続けてくれるはずです。

もちろん、旧来の保育のままでも、賛同してくれる人は辞めないかもしれません。ただ、子ども主体の保育をしたい若い先生たちは、辞めてしまう人が多くなるでしょう。

子ども主体の保育とわがままは違う

子どもが満足するまでさせてあげる

「子ども主体で保育をすると、子どもがわがままになってしまうのではないか…」

こんな心配の声も耳にします。

でも、もし子どもがわがままに見えるとしたら、それは子どもの気がすむまでやりきれていないからです。見守っていれば、子どもたちはかならずやりきって、次に移ることができます。これは「量と質の保証」という考え方です。

子どもには良質な環境と、たっぷり遊び込める時間を与えてあげましょう。

満足するまでできたら、子どもは自然と次に移ることができます。ただ、ペースが子どもによって違うだけなのです。

子どもが満足するまで遊ぶためには、質のいいおもちゃを2つ3つ用意するだけでなく、量もたくさんなくてはなりません。

「おもちゃの質」というのは、材質などもありますが、子どもの発達年齢に合っているという意味です。

・簡単すぎたり、難しすぎたりする
・子どもの発達に合っていない
・量が足りず、遊びが発展できない

こういったおもちゃは、すぐに飽きてしまいます。

子どもにはおもちゃの量も遊ぶ時間もたっぷり与えて、自分で遊びを選び、遊び込む時間を保証してあげましょう。

すぐに子どもたちが目を輝かせて主体的に遊びに没頭する姿が目に飛び込んできますよ。

先生主導の保育に、若手は違和感を覚える

大人の考えを押しつけない

前述したように、現在の保育では、「子ども主体」の保育がいいという流れになってきています。その反対は「先生主導」と「一斉保育」型です。

以前はこれが当たり前だったため、保護者にとっては先生主導の保育のほうが、馴染みがあるかもしれません。

（例）
「はい、先生の言うことを聞いてください」
「いまから○○しますよ」
「じゃあみんな、壁にペッタンして並んでください」

一見、悪いとは思えないかもしれませんが、これは子ども主体の保育から考えると、「先生の言うことを聞いてください。先生の言うことが正しいですよ」と子どもに言い続けているようなもの。そのためNGとされています。

壁に背をつけて並ぶことも以前は当たり前でしたが、いまは「囚人のようだ」と言われて、なくなりました。

このような先生主導の教育スタイルは、残念ながら、小学校ではいまでも多く耳にします。

子どものやりたいことに耳を傾ける

先生主導の保育の場合、1日の流れはすべて先生が決めています。

たとえば、このような感じです。

「今日は朝の会をして、歌を歌って、制作をして、お散歩に行きましょう。帰ってきたら、お昼ごはんを食べて、お昼寝をして、帰りの会をして、ゆっくり過ごします」

これに慣れている保護者からすると、当たり前のように思えるかもしれません。

では、これの何がいけないのでしょうか？

それは、説明がすべて大人目線になっているところです。

子どもたちが、

「いま何をしたいか」

ということについて、まったく寄り添えていない状態が問題なのです。

たとえば、子どもが朝保育園に来て、レゴで遊んでいたとします。まだ遊んでいたいのに、途中で
「時間だからね」

と言われて連れていかれます。

そうすると、子どもは心ここにあらずで、朝の会も、行事も、ただ参加しているだけになってしまうのです。

こういったことを繰り返していると、子どもは自分で何かを選んだり、決断するという力を育めなくなってしまいます。

ですから、いまの子ども主体の保育では、子どもたちが何をしたいかということに耳を傾

けることが大切だとされているわけです。

新卒の若い先生たちは
「先生主導の保育が正しい」
とは教わってきていません。ですから
「もっと子どもと関わりたかったのに、先生ばかりがんばっていて、疲れる…」
と不満を抱き、辞めてしまうことになります。

上下の人間関係では、やる気のある人材が育たない

双方向で意見を交わす

先生主導の園では、一方的なコミュニケーションになりやすい傾向があります。

それは子どもに対してだけではなく、先生同士でも同じこと。たとえば
「下の人は上の人の言うことを聞くのが当たり前だ」

と言われたりすることもあるそうです。

そうなると、先生の自由度も低くなり、つらくなって離職が増えてしまうのです。

基本的に、下の立場の人の意見が通らない関係では問題が生じやすくなります。

それにも関わらず、現場では、上司の言うことは絶対で、主任が帰らないと帰れないということが往々にしてあるものです。

たとえば、以前は無理やりにでも、子どもにごはんを食べさせることが正しいと考えられ

ていました。ランチが終わって、休み時間におともだちが遊んでいる横で、残って給食を食べ続けなければいけないというのは、子ども主体の保育からするとナンセンスなこと。

でも、これは以前ではよくある当たり前の光景でした。


この、食べきるまでは遊んではいけない、食べきれないとおかわりはできない、という考えは、ずいぶん少なくなってきましたが、一部ではまだ根強く残っています。

たとえば、主任がこのような古い考えの場合、若い先生は自分の意思とは違っても、机の横について、子どもに食べるように言うしかありません。

このように、上の人に従うという関係性では、やる気のある人ほどやりがいを感じられなくなってしまうでしょう。


こういった文化の園では、離職率だけでなく、レベルの高い人ほど辞めてしまいます。

残念なことに、上司の言うことに従うよう主張する人ほど、あまりレベルが高くないことが多いのです。園の質を上げ、職員が心地よく働いていくためにも、双方向で意見を交わし合う環境は大切なのです。

スタッフ間で悪口陰口を言わない

パート職員まで、全体をケアする

大きな園であるほど、陰口が増えてしまう傾向があります。

社員かパート職員かという違いよりも、職歴が長い職員ほど、陰口が多くなるところもあるかもしれません。そうすると、若い職員が次々と辞めてしまうのです。

もともとネガティブなことを言う文化が根づいてしまっていると、悪口も平気で行き交うようになってしまうので、注意が必要です。

悪口を言う文化が蔓延している場では、マウンティングも起こりやすくなります。

そのため、何かしらの歯止めがないといけません。

悪口を言う文化をつくらない

悪口の怖いところは、一度悪口を言うと、その瞬間からすべてが悪口の対象になってしまうことです。そういった環境のなかでは、園の結束など生まれません。

たとえ他園の悪口で盛り上がって短期的に結束したように見えても、同じようなことは身内でも起こります。ですから、たとえ他事業所の話でも

「あの園のあれはよくないよね」

と言うのはやめましょう。悪口を言う文化ができてしまうと、最終的には自分たちの園のなかでも悪口が出てきてしまうからです。

もちろん、保育士さん同士の仲がいい保育園もたくさんあります。

優しく、ちゃんとケアをしてくれる園長先生がいる保育園は、先生同士の仲がとてもよくなります。

気持ちのいい園を目指したいですね。

新人、転職組へのケアがない園は、人が根づかない

「背中を見て覚える」のはもう古い

入ってきた職員に対して
「これくらいわかるでしょう」

と接したり、

「当たり前にできるよね」

という目で見て接していると、相手は萎縮してしまいます。

ほかの園で経験があったとしても、この園に来たのがはじめてだという人に対しては、一つひとつのことを丁寧に伝えていきましょう。

昔ながらの保育園では、職人気質の人が多いため
「背中を見て覚えろ」

「できて当たり前だろう」

という雰囲気になりがちです。

でも、それでは、若手の職員たちはついていけずに辞めてしまうのです。


保育士は、妊娠したり、ライフスタイルが変化したときに、続けるのが難しい職業です。

短時間保育や時間固定などの制度はあるものの、産休後に復帰するのは大変です。

こういった制度が整っていない園も、結婚や出産を機に辞めてしまう人が多いので、離職が多くなります。

新人や転職組の一人ひとりまでしっかりケアすることで、優秀な人材が
「ぜひ帰ってきたい」
と積極的に思ってくれる園にしたいものですね。

代表が勉強していないと、芯のない園になってしまう

芯の通った経営には、代表の想いと考えが必要

平成29年に、保育所保育指針が変わりました。

たとえば代表がそれをまったく読んでいなかったり、うろ覚えのままでいる場合、国の方針を無視していることになります。

それでは保育者として失格です。しっかり学ぶようにしましょう。

若手の保育士たちは、最新の保育指針を学校で教わってきているので、保育所保育指針が反映されていない園からは離れていってしまいます。

さらに、自身の目指している保育について筋を通すためにも、代表が継続的に勉強することは欠かせません。たとえばスタッフから

「こういう保育がしたいです」

と相談を受けたときに、代表が
「わたしはこう考えているけれど、実際はどうなっていますか？」

と言えなければ、筋の通った運営をすることはできないのです。

「先生に全部任せるよ」

と言ってしまっていては、運営に差し障りが出てしまいます。

いつ聞かれても自分の考えを伝えられるよう、代表は常に保育を学び続けなければなりません。

また、これからの保育を語るためにはぜひ「OECD Education 2030」や「SDGs」への理解を深め、素晴らしい保育園を目指していただきたいのです。

※「OECD Education 2030」とは、OECD（経済協力開発機構）で２０１５年から進められてきたプロジェクト。２０３０年までに子どもたちに求められる能力の育成に関する教授法、学習評価などについて検討していくもの。
※「SDGs（エスディージーズ）」とは、「Sustainable Development Goals（持続可能な開発目標）」の略称。

元気キッズも、もともとは離職率の高い園だった…

初期は次々と大変なことも…

わたしたちの園、元気キッズグループは、もともと地域認証型の保育の施設として立ち上げました。1年目からとてもいい先生たちに恵まれ、半年後には新施設を立ち上げています。2園目のときに、スキルが高く、新しい保育の勉強もしていてバシバシ発言する頼りがいのある人が入ってきました。

ただ、自分の決裁権を主張する先生主導の傾向があり、少し気になってもいました…。

その先生に任せながら3施設目まで拡大したときには、職員の離職率が3割に達し、なかには心を壊してしまうような人も出てきてしまったのです。わたし自身も

「これは現代保育のあり方ではないのではないか…」

と感じながら、葛藤する時期でした。

一念発起で変化をする

そんななか、４園目の立ち上げで入ってきた先生に「代表のおっしゃっていることと、保育園で実際にやっている内容が違うので、このなかでわたしは仕事ができません」とズバッと指摘してくれた人がいました。この人こそが、いまの元気キッズをつくってくれた、わたしたちの園のモデルとなる先生です。わたしは、これをきっかけに「盲目的になって、目をつむっていた部分があるかもしれない。ごめんなさい」と謝り、理念を形にしていくよう方向転換する決心をしたのです。

ここから、理念とルールを重視して組織をつくり変えていくごとに、旧来の保育の価値観を持っていたスタッフたちは離れてきました。

「共感してくれる人だけ残ればいい」と思えたとき、離職がとまった

人が辞めていくことに不安を感じる経営者は多いでしょう。

でも、園には共感してくれる人がいてくれればいいのです。

実際に、変革期に辞めていったのは、先生主導の保育を推奨する人、自分たちの都合で動いていた人、ズルをしてもいいという考えの人たちばかりでした。


理念を定めると、価値観がまったく合わない人はすぐに辞めていきます。

また、口では
「ついていきます」

と言っていても、新しい価値観に合わせようとしない人たちも、徐々に辞めていきます。

結果、理念に沿った園づくりを目指そうとしてくれた先生が中心になり、価値観の違う人が辞めると、そこで、ピタッと離職がとまったのです。


古い価値観の人が辞めて、最終的に入れ替わるまでには、5年ほどの年月がかかりました。

いまでもライフスタイルの変化を理由に辞めていく人はいますが、理念を軸にした保育に戻した翌年に入ってくれた新卒のスタッフは、いまだに続けてくれています。


理念に沿って文化を変えたことで、離職が劇的にストップしたのです。

理念とルールを徹底する

経営者が自分に自信を持てず、人に頼ってしまうと失敗します。

自分の信念に揺るぎのない状態でないとダメなのです。そのため、理念とルールを徹底し、園を立て直すために、わたしは自分自身の勉強とチームワークづくりを徹底しました。


まず、自信をつけるために、保育園のことや自分のやりたいことを学び直しました。

この時期に、保育園の保育理論だけでなく、赤ちゃんからの発達学や、発達障がいのことについても学びました。そうして理念と4つのルールをつくったのです。


さらに、チームワークを高めるために、1年かけて個人面談を徹底的に行いました。

当時5つの園にいた職員、パート職員を含めた全員と3ヵ月に1回、かならず話をするようにしたのです。この時期はまだ職員も少なかったので、少しでも距離を縮めようと、職員の誕生日にお祝いのメッセージを伝えたりもしました。

ちなみに、チームワークを高めるために職員と接点を増やしたり、誕生日のお祝いをするとき、男性の場合はセクハラだと誤解されないよう配慮することが必要です。

「こういうことをしますよ」

と、事前に全体に公表してから始めましょう。

理念とルールに沿ってこういった取り組みを1年間徹底したところ、新しく入った理念に共感してくれる人が辞めなくなり、古い価値観の人との入れ替わりが起きていきました。

よい文化が深く根づくようになり、さらによい保育ができるように

ここで言う「よい文化」とは、ルールに支えられた見えない空気感のことです。文化は自分たちでつくっていくもの。しかし、離職や人事異動で人が入れ替わるとき、そこにルールがなければ、それまでの空気感がなくなり、結果的に文化も熟成していきません。

いい人が残り、集まってくれることで、園の文化はどんどん熟成されていきます。

現在の元気キッズは、

「あいさつ・礼節・人の話を聞く・自分の意見を言う」

という、4つのルールが文化に根づいています。

もうひとつのよい保育とは、子ども主体の保育のことです。保育園は子どもたちの笑顔のためにあると考えているため、「怒らない、叱らない、伝える保育」を掲げています。

この叱らない保育は、保育士にもいい影響があります。

本当は叱りたくない場面でも、厳しく言うように指導されている先生は、子どもに怒ることで自己嫌悪になってしまうことも多いのです。そういった人たちにとっては、怒らなくていいと言われるだけで、気持ちが軽くなるでしょう。

評判を呼び、園が増えていく

理念とルールを徹底して、職員の離職が落ち着いていくと、園はどんどん整っていきました。この頃にあった監査でも、園の雰囲気が落ち着いていると、とても褒めていただきました。

先生たちの離職も減り、わたしも保育についてほぼひと通りの知識を学んでいたので、そういった話もしたところ、市から園をつくらないかというお話もいただきました。

こうして自分の学んだことが生きて、園の拡大につながったことで、代表のあり方の大切さを改めて実感したのです。

大切なのは理念

理念があると芯がブレない

組織にも「人格」があります。

組織の想いや組織のやっていることに、人はついてくるもの。その組織が持っている想いがブレてしまうと、行ったり来たりしてしまうでしょう。頻繁に「想いが変わりました。また方向性が変わりました」と方針転換する組織に、人はついていけません。ですから、ブレない理念が必要なのです。

でも、形だけ理念を掲げて実際は守っていないという場合は、逆効果になってしまいます。言っていることとやっていることが違えば、信頼は生まれません。

理念にもとづいて動くことが、揺るぎない信頼につながっていくのです。

理念がしっかりあれば、ブレることなく人の採用ができますし、安心して先生たちとも話ができるようにもなるでしょう。

理念があるから人がついてくる

わたしは「子どもたちを笑顔にする」ということにコミットしています。わたしのつくったグループはそのためだけにあるのです。理念もルールも、ただ子どもたちを最高の笑顔になる場所をつくるためのもの。ですから目標がブレにくく周囲も納得してくれています。

もしも、この目標が「売上をつくること」になってしまった場合、誰もついてこなくなるはずです。わたしの場合、その地域の保育環境の質がよくないのであれば、子どもたちの笑顔のために園を増やすのは必要なことにあたります。

子どもたちのためという大義と行動に矛盾がないので、職員も大変なことがあっても納得してついてきてくれるのです。

目の前のことだけ、職員だけのためでもなく、子どもたちに向けて考えることで、わたしの視座も高くなります。いつでも立ち返る場所があるので、理念も行動もブレずにいられるのです。芯がブレないように、しっかりとした理念をつくっておきましょう。

理念をつくる

マップで理念を明確にする

保育園づくりを失敗しないようにするためには、設立の段階で理念を掲げていたほうがいいでしょう。それから、徐々にブラッシュアップしていくのです。

ブラッシュアップすることと、ブレることとは、意味がまったく違います。

経営を始めるときには、「自分が何をしたいのか」「何をしたくないのか」というマップをつくり、自分のやりたいことを明確化しておきましょう。そこから「会社で何が実現できるのか」をつくっていくのです（詳しくは72ページ）。

理念は何度も伝えて浸透させる

理念を園に浸透させるには、毎日目に入るよう、仕組み化してしまうのが一番です。たとえば、目に入るところに理念を貼り出しておきましょう。

事務所に理念を書いた紙を貼ったり、携帯アプリ（ラインワークスなど）を立ち上げたときに、立ち上げ画面で見られるようにするのもいいでしょう。わたし自身も「子ども主体の保育にできることは何ですか？　あなたにいま何ができますか？」と理念に通じる言葉が、目に飛び込んでくるように設定しています。また、スタッフの行動が理念に沿っているかどうか、浸透しているかどうかの確認も大切です。

理念を行動に落とし込むには「文化」と「ルール」が必要

理念は、理念にもとづいた一人ひとりの行動によって支えられています。そして、「理念のために行動することが当たり前」という雰囲気が、「文化」です。わたしたちの理念は

「しなやかに、ひたむきに
時代の変化に対応するしなやかさと、
本質的な価値を守るひたむきさを大切にしながら、
家族にとって安心安全な環境を創造し、

「かかわるすべての人の笑顔と豊かさを増やします」

です。スタッフ一人ひとりが
「新しいことをどんどん取り入れてみよう」

「子どもにとって最善の利益のことを考えて、一緒に協力しよう」

「保護者に寄り添っていきたい」

と理念に沿って行動できるようになると、文化が定着したことがわかります。


では、この「文化」はどうやってつくっていけばいいのでしょうか？

いい文化をつくるために、理念を具体的な行動に落とし込むには「ルール」が必要不可欠。

理念を補完する行動指針、それがルールなのです。

ですから、理念と同じくらいルールも大切につくりましょう。

「これが当たり前」

という雰囲気や空気感をつくるのは簡単ではありません。

それでも、ルールがしっかりしていれば、自然と行動ができるようになり、園にはルールに沿った空気感が出てくるようになるでしょう。

ルールはわかりやすくシンプルにする

覚えやすい言葉でまとめる

ルールが複雑になると、行動に移しにくくなります。

ですから、ルールはできるかぎりシンプルに、わかりやすくしてください。

また、覚えられないルールは、忙しい現場で実行できません。

新人でも行動しやすいように、4～5個にまとめましょう。また、ビジネス用語や四字熟語などは使わず、子どもでもわかるくらい簡単でシンプルなワードを意識してみてください。

誰もができること、毎日できること、人としてのあり方が込められているといいでしょう。


わたしは、職員の結婚式に呼ばれて話すときにも、

「あいさつ・礼節・人の話を聞く・自分の意見を言う」

という4つのルールの話をしています。このルールには、園だけでなく、結婚生活にも当

てはまる「人としてのあり方」が入っているのです。

反対に、みんなが共感できないようなものはルールに入れてはいけません。たとえば、「本を毎月10冊読みなさい」

というルールでは、きっと嫌になる人が多いでしょう。忙しいなかで、誰もができることではありません。学力やスキル、能力に関係するようなことや、みんなが一斉にできないようなことは、ルールにしないように気をつけましょう。

少し意識すればみんながてきることをルールにする

ルールは、少し意識すればみんなができることにするのがポイントです。発達に特性のある人でも、ちょっとがんばればできるくらいのことが、いいルールになるコツです。

保育園では、このルールがすべての行動の指標です。

ミーティングや個人面談、自己達成シートを書くときなど、ことあるごとに4つのルールの話を出して、浸透するようにしています。

ルールを共有する

元気キッズの4つのルール

元気キッズの文化を支える、一番基本となるのは
「あいさつ・礼節・人の話を聞く・自分の意見を言う」
という4つのルールです。

（1）あいさつ
あいさつがあるかないかだけで、園に入ったときの印象は大きく変わります。

あいさつをされると、受け入れられたような、仲間になった感覚が生まれるでしょう。

新卒の人、見学に来た応募者の人に対しても、同じように接することを大切にしています。

あいさつは、防犯にも役立ちます。人が入って来て、すぐに
「おはようございます」

と言うと、園に関係する人ならほっとする雰囲気が生まれます。

一方、部外者ならば、あいさつに怯んだような雰囲気になるため、すぐにわかるのです。

(2) 礼節

「礼節」には、2つの意味があります。

ひとつは、素直にありがとうと言えること、相手に感謝をすることです。

保育園では、基本的にひとりで物事を解決することはありません。仲間と協力して何かをすることばかりです。かならず誰かに助けてもらうことになるので、感謝を伝えることが不可欠です。言う側もお礼が言えると気持ちがよくなりますし、言われた側もまた手伝いをしようという気持ちになります。

このような相互リスペクトの循環が生まれると、とても雰囲気がよくなっていくのです。


もうひとつは、「節度」や「誠実さ」です。

仕事をしていると、どうしても保護者から怒られるようなことが起きます。

事あるごとに文句を言う、モンスターペアレントのような人もいるでしょう。

先生も人ですから、思わずグチを言いたくなることもあるかもしれません。ただ、つい

「あそこは家で何もやってないのに、園にばかり文句を言ってきて、本当に最悪ですよね」と言ってしまったことに対して、ほかの人が同調してしまうと、その悪意のようなものは一瞬で園に蔓延してしまいます。

ところが、もし相談を受ける人が
「先生もつらかったね。でも一緒に考えてがんばっていこう。きっと○○さんにも伝わるよ」と言ってあげられる人であれば、悪意もそこでとまって、園にいい雰囲気が広がっていくでしょう。横にいる人が誠実さを持って丁寧に接してくれるだけでも、いい雰囲気を保つことができるのです。

このように、みんなが礼節を持つようになると、現場にはいい空気が流れるようになるでしょう。

(3) 人の話を聞く

保育園には、先輩に意見が言えないという、縦社会の園もまだまだ多くあります。
でも、そういった園の雰囲気は、芳しくありません。
園には、新卒・既卒・看護師・セラピスト…さまざまな立場の人がいます。ですから、相手がどういう思いで自分に話しているのか、相手の立場になって話を聞きましょう。

たとえば、セラピストの先生が園の様子を診てレポートを書いてくれたとき、

「2時間くらい診たくらいでわかるわけがない」

と思って読むのと、

「こういう視点からも診ていただいて、ありがとうございます」

と思って読むのとでは、とらえ方も変わってくるのではないでしょうか。


ほかにも、最近の若い子は何を考えているのかわからないという心持ちでいては、いくら話を聞いてもわかるようにはなりません。なぜそんな話をするのか、相手の気持ちになって話を聞いてあげると、聞き方も相手への理解度も変わっていくでしょう。

ほかの人の立場になって話を聞くという姿勢は、他者を受容していることにもつながります。悩んでいる人がいたら声をかけたり、他人の話を聞くといった雰囲気づくりは、とても大切なのです。

（4）自分の意見を言う勇気を持つ

自分の意見は、言わないかぎり誰にもわかりません。

察してくださいというスタンスでは不十分なのです。他人から顔を覗き込まれて「わたしの考えていることがわかりますか？」と聞かれたら、気持ちが悪いですよね。自分の意見を言えていないとき、相手はそういう気持ちになっているということも、想像してみてください。

もちろん、意見を言うには責任がともないますし、本音を言うこと自体が苦しいこともあるでしょう。他人の間違いを指摘することも、なかなかできることではありません。

それでも勇気を持って、自分の意見を伝えてください。一方的に自分の思いを伝えるのはただのわがままになるので、考えをわかりやすく相手に伝えるように努力をしましょう。

自分の意見を言える環境をつくるためにも、3つ目の「人の話を聞く」というルールがとても大切です。日頃から話を聞く雰囲気づくりができているからこそ、自分の意見を言うことができるようになります。

この4つの約束ができるように取り組んでいくことで、職場はどんどん優しい雰囲気に変わっていくはずです。

いまよりも少しでもいいことがあればやってみる

新しいことに挑戦する文化をつくる

常に時代の変化に対応していけるように、わたしたちの園では「少しでもいいと思えることであればすぐにやってみよう」という思いで運営をしています。職員にも「少しでもいいと思えることをやってみて。もしもダメだったら戻せばいいから」と言い続けています。それによって、「どんどん新しいことをやっていいんだ」という前向きな雰囲気が生まれました。

でも、このルールには、本当はもっと厳しい意味が込められています。「もっともっとやっていいんだよ」→「もっとやってみなさいよ」→「やらないとダメなんだよ」ということが本質にあるのです。

昨年うまくいったことと同じことをしても、現状維持はダメと言われるのですから、とても厳しいルールでしょう。でも、このルールがあると、何か挑戦した人に対して、やってよかったねと自然と言いやすくなります。ルールがあることで、挑戦することが当たり前という文化をつくることができるのです。

優しい言葉で伝える

ピリピリとした雰囲気で仕事をしても、ただ苦しくなるだけです。

厳しいことでも、意図的に言葉を優しくして伝えるほうがいい形で伝わります。

伝えるときには、

・命令や強制をしない（「～しなければならない」という言い方を使わない）

・「どうしたらいいと思う？」「こうしたほうがいいとわたしは思うけれども、どうかな？」と意見を聞く

・「先生たちはどう思うかちょっと考えてみて」と投げかける

といったことを、ぜひ意識してみてください。

園の代表者が人格者であること

ブレない人に、人はついていく

保育園や福祉業界で働く人たちは、お金より、やりがいや優しさや、貢献したいという思いで働いている人が多いのではないでしょうか。

とくに子ども主体の保育を実施する保育園では

「子どもの環境をよくしたい」

「人の暮らしをよくしたい」

という人が集まってきてくれます。

そうなると、代表自身もブレずに、他者の利益のために動ける人でなければいけません。

ただし、代表の場合は、他者の利益だけでなく、右手に心、左手にそろばんを持っていることが理想的です。園の代表は、思いだけでなく数字も理解したうえで運営ができるようなマインドも持っていてください。


お金や自分の名誉や栄誉のために仕事をしていると、人はついてきません。

どれだけまわりを生かせるか、アレンジができる力も問われます。

「自分の園だけがよければいい」

という思いではなく、自治体に目を向けたり、職員の働きやすさなども考慮できる人。

こういった優秀なマネージャーの要素が、代表者にも求められているのです。

理念をブレずに持ち続ける

わたしの場合も、いままで
「子どもたちの最高の笑顔のために」
と言い続けてきたことで、それを信じてついてきてくれている仲間がいます。たとえば、
前述したように
「お金儲けをしたい」
「元気キッズを有名にしたい」

といった気持ちが入ったら、その途端、仲間たちはいなくなってしまうでしょう。

それくらい、ブレない自分が大切なのです。


ここまでメソッドの話をしてきましたが、それだけではまだ不十分です。

「心から人に貢献したい、地域を変えていきたい」

というコミットがなければ、人はついてきません。

本心は見透かされてしまうものだからです。


「自分がラクをしたい」

という気持ちも手放さなければなりません。

理念をコミットして進んでいくと、結果的には自分もラクにはなっていきますが、ラクすることが目的になってはいけないのです。

ここがブレると、すべてが崩壊してしまいます。

代表が自分の私利私欲のため、虚栄心のために行動すれば、人は離れていき、園はあっという間に崩れてしまうでしょう。

ですから、代表が人格者であることは、組織にとってとても大切なことなのです。

2章

理想の人材に応募してもらえるための採用の秘訣

元気キッズでの取り組み

職場体験の際に、応募者から「入りたい」と思ってもらえる園にする

離職率を下げ、理想的な園をつくるには、いい人材に応募してもらえる採用の流れをつくる必要があります。まずは、

「この理想の保育園に入ってみたい」

と思って応募してもらえるような取り組みから始めましょう。

入社してもらうには、園の紹介や説明で、理想的だと思ってもらい、職場体験で

「本当に説明の通りだった」

と納得してもらう必要があります。職場体験のときに感動のピークが訪れるような採用の流れをつくりましょう。

職場体験では、いままで聞いてきた話が本当なのか、応募者にしっかり検証してもらうことが欠かせません。

・本当にあいさつができているか
・人の話を聞いているのか
・礼節がしっかりしているか
・雰囲気はどうか
・職員同士でどんな話をしているのか

こういったところを実際に確認してもらえるように、体験者にも直接伝えています。

園の職員は、いつも通り4つのルールである「あいさつ、礼節、人の話を聞く、自分の意見を言う」を徹底するだけでかまいません。

体験者はお客さまのようなものですが、普段の様子を見てもらいたいので、体験のために特別なおもてなしはしません。

体験保育時に普段の様子が見える

体験に来た人に対して、園の職員があいさつできていなかった場合、

「言っていることとやっていることが違う…」

「雰囲気が悪いな…」

と、信用してもらえなくなるでしょう。

はじめて訪れる人ほど、敏感に場の空気を感じとります。普段できていないことをその場で取り繕おうとしても、かならず綻びが見えてしまうのです。ですから、人がいつ来ても、素敵だなと思ってもらえるような雰囲気づくりができているかどうかが問われます。

もちろん、園側でも、体験者が園のなかでどんな振る舞いをしているか、4つのルールと照らし合わせながら確認しています。

職場体験は、こうしてお互いに理想的な相手かどうか見極める機会なのです。

採用してはいけない人とは？

人材不足や、人の出入りの多い業界では、はじめから辞めてしまうことを見越して多めに採用をするケースもあります。ただ、それが
「とりあえず入ってもらおう」

「あとからすり合わせをしていけばいい」

「合わない人は辞めてもいい」

という考えにつながってしまうことも…。

どうしても
「人手が足りなくて、人を入れなければいけない」
「明日からでも入ってほしい」
という場合もありますが、そんなときでも、性格に問題がある人は採用してはいけません。

性格のよし悪しは、面接時に判断することができます。

たとえば、以前の職場の悪口を言う人は、採用後に、園でも同じことをするものです。

そんな人が入ってきてしまうと、運営は余計に苦しくなってしまうでしょう。

能力が高くなくても人間性の高い人のほうが育っていくので、長期的に見ると、結果は100倍よくなります。

どんなに人手が足りなくても、性格に問題のある人は採用しないように気をつけましょう。

採用面接のポイントは「事実」に焦点を当てること

多くの面接官もまだ知らない、面接の重要なポイントがあります。

それは、相手の話から事実だけを取り出して見る、という、ＡＢＡ（応用行動分析）のような方法です。自分の主観や本音でなく、出来事に焦点を当てると、その人の人物像が浮かび上がってきます。これで、面接の質は格段に向上するでしょう。

相手の性格も、こちら側の質問で見極められるようになります。

このとき、出来事に焦点を当てた質問をすることがポイントです。

《質問例》

「いい保育ができたと思った出来事を教えてください」

「自分の視点だけでなく、一緒に誰がいて、どういうふうに関わったことでうまくいったのかを教えてください」

もしも、自分のことしか話さない場合、一社員としてはいいかもしれませんが、役職者としては不適合と判断します。

一方、

「そのときの主任の先生と相談しながら、後輩の先生にはこういう指示をして取り組んで、このようにうまくいきました」

といった、ほかの人と協力したエピソードであれば、

「この人は他人と協力できる人だ」

「物事をこう考えて、人と関わる人なのか」

と、人となりを推測することができます。

立場が上の人にはゴマをすり、立場が同じか下の人には態度が悪いという人の場合も、性格のクセが面接中の言葉の端々に出てくるものです。妙に自信たっぷりの場合も、

「どうしてそんなふうに言い切れるのか」

という違和感を感じることがあるので、わたしは一歩引いた目で見るようにしています。

短時間で行う面接時でも、できるだけ相手の性格がわかるように、出来事や事実に焦点を当てるようにしてみましょう。

働いているメンバーが新メンバーを連れてくる風土をつくる

紹介制度を活用する

わたしたちの園では、職員から知人を紹介してもらう「リファラル採用」の制度も設けています。

これは、職員に紹介手当を謝礼として支払う仕組みです。

「類は友を呼ぶ」

ということわざの通り、いい人のまわりにはいい人が集まっているものです。

この制度を始めてみて、実際に理想的な人を連れて来てもらえることが多いことを感じています。

ただし、紹介者自身がクセの強い場合には、同じようなタイプの人が入ってきてしまうかもしれないので、見極めが必要です。

また、たとえいい人からの紹介であっても、園の雰囲気と合っていない場合にはお断りをすることもあります。

園では一緒に働く人を求めているので、やはり採用で妥協してはいけないのです。

これまでの採用では、紹介制度で入ってくれた人のほうが、一般で募集するよりも園の役職に就くような中心人物になってくれる確率が高いという結果になっています。

自然と理想的な人が入ってくる流れをつくれるように、日頃からいい職場環境をつくっておくことが大切です。

どんな人に入ってほしいかを明らかにする

どんな人に来てほしいのか、求人の前に決める

採用を募集する前に必要なのは、一緒に働きたい人をしっかり絞っていくことです。理想のペルソナを明確につくることで、募集する際のキャッチコピーなどが生まれます。

「誰と働きたいのか？」

「どんな人と働きたいのか？」

といったことを、どんどん自分に質問していきましょう。

たとえば、幹部やリーダーになるレベルの人はどのような人が望ましいでしょうか？

・他者受容ができて、自分から能動的に動ける人
・優しさのなかでも自分の芯を持っている人
・自分から率先して動ける人

というように、どんな人に来てほしいのか人物像を具体的にしましょう。

そうすると、次に
「どうしたら来てくれるかな」

「どういう言葉が相手に響くかな」

と具体的に考えられるようになります。

ホームページや求人広告をつくる際に、これらはとても大切な要素です。

ペルソナはルールとリンクさせる

ペルソナ（園に入所してほしい人）を考えるときは、「来てほしい人」と「来てほしくない人」のイメージを箇条書きで書き出してみましょう。

書くときのコツは、「来てほしくない人」「来てほしい人」の順に考えること。

人はマイナス面のほうが出しやすい傾向にあるので、あえてマイナスの状態から書き出すことで、プラスの面も出やすくなり、イメージもより具体的になります。

例）元気キッズグループの場合

《来てほしくない人》

・面接でお金や時間などの雇用条件ばかり気にする人
・自分の生活ばかりを優先したがる人
・いじわるさが顔に出ている人
・自己顕示欲が強そうな人
・自慢ばかりする人
・まわりと協力せず、自分の話ばかりする人
・あいさつができない人
・最低限の礼儀がない人
・変化に対応できない人

《来てほしい人》

・優しい人
・人と協力し合える人
・自分の意見が言える人

・変化を楽しめる人、前を向く力がある人
…中途採用では50代、60代の人でも、変化できるかどうかを重視

たとえば、最後の項目の「変化を楽しめるかどうか」ということは、面接の質問でわかります。まずはじめに、本人のエピソードを聞きましょう。

そして
「こういうことを変えていきました」

「こういうふうに変わっていきました」

と話してくれたときに、

「それを楽しめますか?」

と聞くだけです。


もし、楽しめると答える人は園に来てほしい人、逆に楽しめないと答える人は来てほしくないタイプの人なのだと判断できるでしょう。

来てほしい人の項目にある、「優しい人」とは、子どもにも、まわりの人にも優しい人のことです。

どんどん自分の意見を言うタイプでも、本質的に優しい人なら、決してひとりよがりの意見にはなりません。まわりにも、とてもいい影響があります。

また、一見とっつきにくそうなのに、相手のことを愛情深く想っている人もいます。

そういった本質的な優しさを持っている人が、わたしたちの園で求めている「優しい人」です。

逆に、何も考えずに、はい、はいと返事をするような人、それでなんとなくうまく生きてきてしまったような人は、こちらが求める人物像とは異なります。

人の成長には、挫折した経験も必要です。

実際、わたしたちの園でも、挫折を乗り越えてきた中途採用の人が、一番の戦力になってくれています。

新卒者の場合は、経験はあまり関係ありません。

元気キッズグループの４つのルールを守れる人であるかどうかが、一番の判断基準となります。

先ほどのペルソナをよく見ると、

「あいさつ・礼節・人の話を聞く・自分の意見を言う」

という4つのルールと
「どんどん挑戦しよう」

という約束につながっていることがわかるのではないでしょうか。


ペルソナを決めるときには、園の理念やルールと一致しているかどうかもしっかり確認するようにしてください。

自社の強みを発見する

自分のやりたくないこと、やりたいことを明確にする

現在は保育士不足なので、保育園も求職者から選ばれるという時代になっています。
求職者は、園の紹介を見て
「どんな保育園なのか、どんな保育を目指しているのか」
と自分の働く姿を想像しながら応募しています。

そのため、一般的な保育をしているだけでは、意欲の高い保育士さんには魅力的に映りません。
自社の強みの発見をおろそかにしていると、自分の園を説明するときにぼんやりとした言葉になってしまいます。たとえば
「子ども主体の保育園です。先生方も働きやすい園です」

という説明をするだけでは、

「普通の保育園」

という印象で終わってしまいます。

自分たちの園では
「どんな保育観を大切にしていて、どんな保育をしているのか」

という点を突き詰めて、差別化していきましょう。


それには、図のように、自分たちのやりたいこと、やりたくないことを箇条書きで洗い出して、本当に大切にしていることを見つけ出していくのがおすすめです。

やりたくないこと	やりたいこと
●無理やりやらせる	○子どもたちがコントロール感を身につける保育

わたしたちの園の
「日本で一番笑顔が集まる場所、元気キッズ」
というキャッチーコピーも、ここを徹底的に洗い出したことで生まれました。
子どもたちを日本で一番笑顔にしたいので、ここではあえて言い切っています。

自分の園の立ち位置を確認する

このワークで園の強みがわかったあとは、自分たちがどこを目指しているのかを明確にしていきましょう。

自分の立ち位置を確認するときには、マトリクスをつくるのがおすすめです。

たとえば保育園の場合、教育系、運動系、療育系、知育系などの立ち位置が考えられます。

まず、自分たちの園はどのあたりにいるのかを考えてみましょう。

《園の立ち位置を明確にするマトリクス》

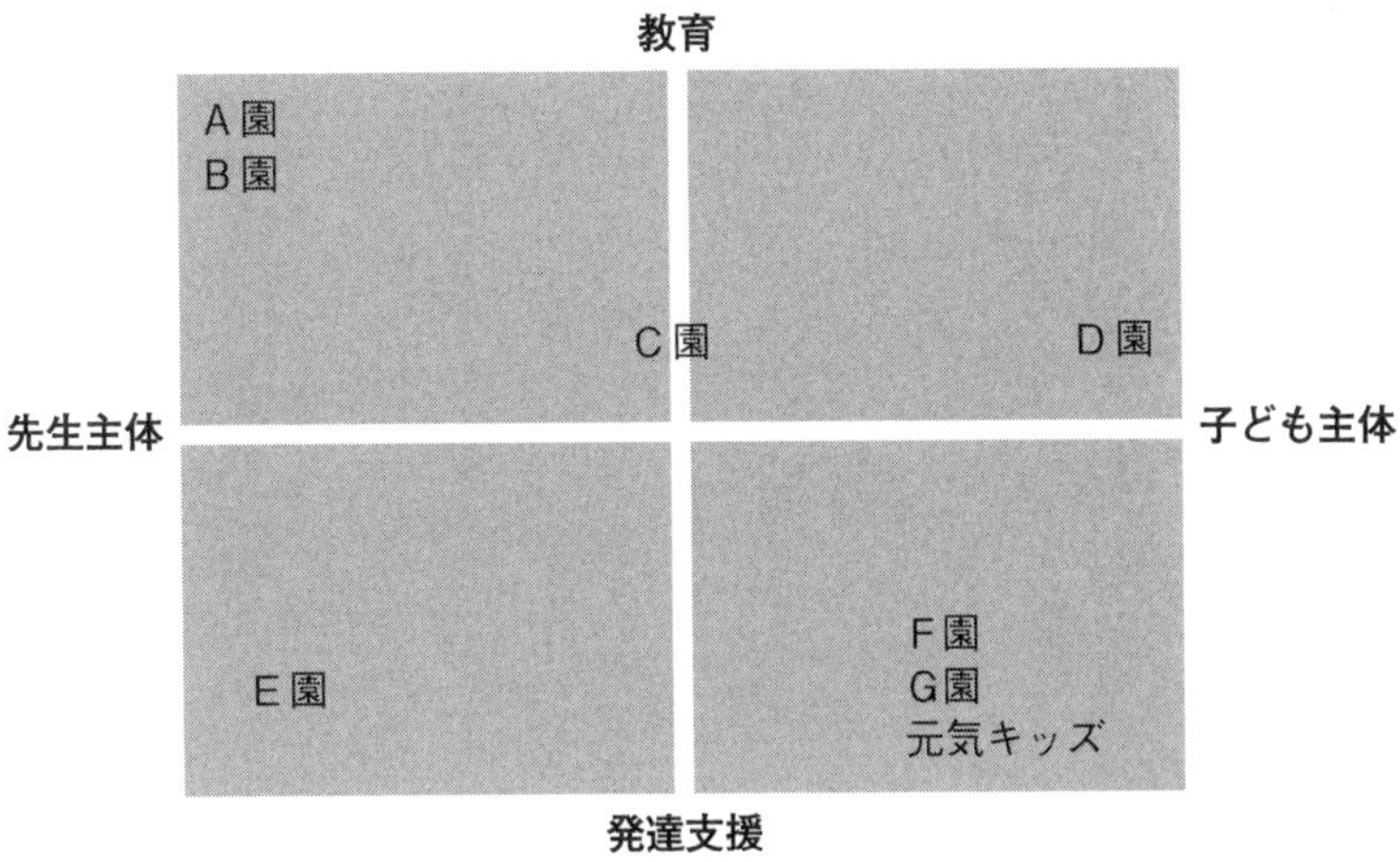

地域の競合の園やモデルにしたい園の立ち位置も知っておく

地域全体を見て、自分の園が優位な立ち位置を探していく

マトリクスを使って、地域の保育園やベンチマークしている保育園がどのあたりにいるのかも確認してみてください。地域の園をチェックするときは、同じ市内や、隣接している市（3～4地区くらい）をチェックするのがおすすめです。


園児の募集と求人の場合は、対象となる範囲が異なります。

求人の場合は、園児よりもう少し広くなるのです。

通勤可能な範囲の園と比較されていることを念頭に置きながら、リサーチしてください。

範囲は、いまの職員の平均通勤時間を目安にするといいでしょう。

元気キッズグループの平均通勤時間は30分くらいです。

もし地方なら、通勤時間1時間くらいまでエリアを広げてもいいかもしれません。作成したマトリクスをもとに、自分たちの園が優位な立ち位置になるように考えていきましょう。

「競合がいないけれど、地域に求められている」

と考えられる立ち位置をとることが大切です。

できるだけ競合がいない、ブルーオーシャンの位置を探しましょう。

たとえば、マトリクス上で自分たちはいま左下にいるけれど、右上が空いていて、かつ地域から求められている、という状況だとしたら、そちらに移行することも検討してみてください。また、知育教育が盛んなエリアのなかで、自分たちの園が知育教育に弱いという場合は、そこを伸ばさなくてはいけないかもしれません。

競合がいて、同じ要素を切磋琢磨し合うことはいいことです。でも、

「このエリアなら、もっと上のポジションにいけるな」

「このポジションで戦うのは厳しいから、別の要素を加えよう」

というように、いろいろな選択肢を考えることも必要なのです。

求人活動では
あらゆる手段を使う

1～2媒体しか使わない園も少なくない

保育業界では、求人募集の形態も、まだまだ昔ながらの方法が主流です。

「うちは全然求人募集に人が集まらないんですよ」

という園は、たいてい1～2箇所だけしか求人を出していません。

方法も、ハローワーク、タウン誌、折り込みチラシ、養成校への打診など、昔ながらの手段に頼っていることが多いでしょう。

でも、それでは人が集まらないのも当たり前です。

最初は複数社の求人媒体を使って一番反応のよかったところを選ぶようにするなど、トライアンドエラーが必要です。

合同説明会に参加したり、自社媒体をつくるのもおすすめです。

ところが、実際は多くの園が1箇所に登録しただけで
「お願いしたのに応募がないな…」
という状態でとまってしまっています。

求人メディアはたくさんの種類があるので、実際に試して、合うものを検証してみてください。

《求人のメディア一例》
・保育士専門の求人媒体サイト
・「ジョブメドレー」など、採用できたら報酬が発生する求人媒体
・さまざまな人材紹介会社

人材紹介だけに頼らない

求人コストを下げる方法を探す

人材紹介サービスを利用する場合、事務手数料がかなり高くなります。優秀なスタッフが入ってくれることもあるので、求人としては有効なのですが、コスト面を考慮することも大切です。もしかすると、採用コストの割合が高いばかりに、職員の給与を上げることができず、ほしい保育用品も買えず、結果的に質の高い保育が提供できなくなっている…。

そんな園もあるかもしれません。

では、お金をかけずに優秀な保育士を採用するには、どうすればよいのでしょうか？

それは、自社の直接募集での採用です。自力では難しいと思うかもしれませんが、実際に採用に成功している保育園の多くは、直接募集がメインなのです。わたしたちの園で具体的にどのような試みをしているのか、ご紹介します。

職務内容は、何をどこまでするかまでしっかり紹介する

相手の知りたい情報をたくさん発信する

求人・採用の際には
「自分がどのように働けるのか、どういう職務を求められているのか」
ということを、相手にわかるように発信する必要があります。
これには、ジョブ・ディスクリプション（従業員の職務内容を明確にすること）、シェアードバリューコンテンツ（自社の価値・魅力について求職者との間でシェアされるコンテンツ）の2つがポイントです。

給与面や賞与面なども、できるだけ開示しましょう。ただ「保育士募集」と記載するだけでは、どのように働くのかが曖昧なので、なかなか応募してもらえません。
求人媒体や紹介業者も、まずシェアードバリューコンテンツを調べるので、見る人が気に

なるポイントをしっかりつくっておくことが大切です。

そのときに、ただつくっただけのホームページなのか、手づくりでもしっかり想いが書かれているのかでは、ずいぶん印象が変わります。

見る人が共感できる内容や、人にシェアしたくなる内容を入れていくように工夫していきましょう。

シェアードバリューコンテンツを充実させる

会社の理念・保育理念・具体的な保育方針・職員の声…、こういった情報が充実すると、理想的な人材が応募してくれるようになります。

求職者に共感してもらえるような工夫も大切です。

たとえば、「子ども主体の保育」や「叱らない、怒らないスタイルの保育」と掲げるだけではなく、「心地よさを伝えること」「子どもの気持ちを受けとめる絆創膏の魔法」といった具体的なエピソードを載せるようにしましょう。

働く人の声を紹介するときも、新卒・中堅・中途・調理・セラピスト…としっかり細分化してたくさんの情報を載せると、園の様子が伝わりやすくなります。

保育士の一番の離職・転職理由は、人間関係です。

職場の雰囲気が悪い、人間性を否定された、何を言っても改善されない環境…といった理由から転職を決める人が多いのです。ですから、働きやすさや、職場の雰囲気、既存職員がイキイキと働く姿をしっかり掲示していくことが、とても重要になります。

《元気キッズの求人サイトのカルチャーコンテンツ例》

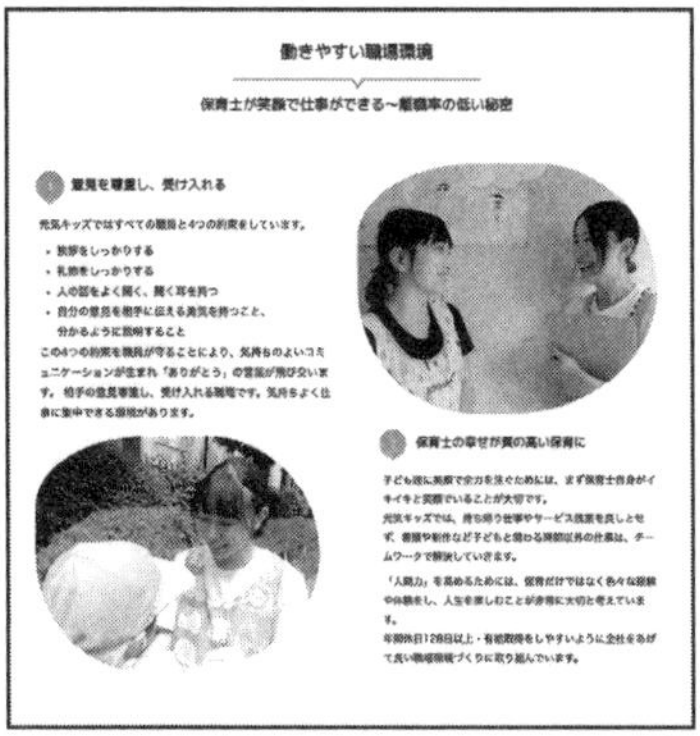

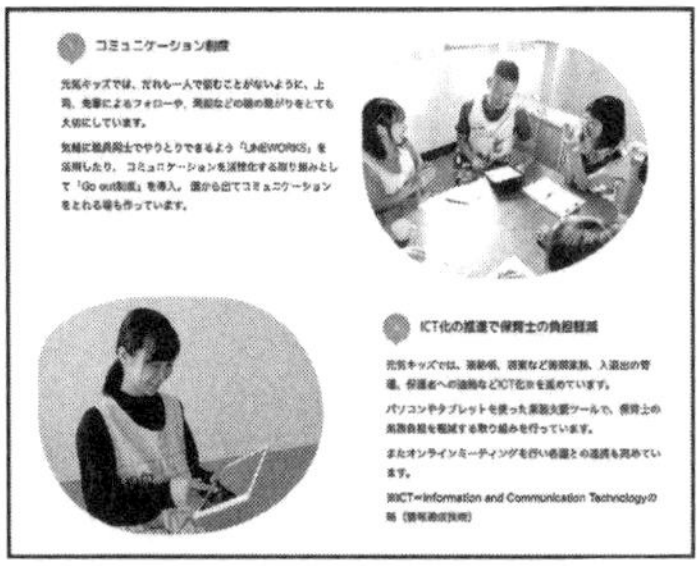

見る人がアクセスできるものをしっかりつくっておく

まずホームページに力を入れる

ホームページのほかに、これからはブログにも力を入れていきましょう。フェイスブックなどのＳＮＳ発信には、あまり求人の効果はありません。いずれかひとつに取り組む場合は、ホームページで十分でしょう。もし、自社のサイトがなければ、ラインやＳＮＳアカウントをフォローしてもらうのも有効です。

情報発信ツールではありませんが、公式ラインなどは、オンラインで応募者とのやりとりをする方法としてはとても便利です。ぜひ活用してみてください。

オンライン説明会での募集を充実させる

オンライン説明会や面接で、費用対効果が3倍に

多くの人がオンラインに慣れてきたので、最近ではオンラインの説明会や面接に気軽に参加してもらえるようになってきました。対面で開催するときより時間の制約がないので、保育園が終わったあとの18時半や19時半にも実施できます。

このおかげで、わたしたちの園でも応募者が増えました。

実際に2020年の上半期は、10月末までに178人の問い合わせがあり、47件の採用につながりました。11月単体でも、74件のアクセスがあり、30人ほどの採用につながっています。コロナ禍で、採用方法は大きく変わりました。

2020年は採用人数が増えたのですが、そのうち人材紹介の利用は1件だけです。人材

紹介では、ひとりあたりの採用で100万円を超えてしまうので、1件に抑えられているのは経営面でもとてもありがたいことです。

オンライン上でのスカウト型の人材紹介も利用しているのですが、これは予算が30万円程度かかります。この仕組みの業種はまだ少ないのですが、今後どんどん広がるでしょう。

保育業界全体で自社採用の取り組みが進んでいくことを、わたしは期待しています。

ネットや紙の効果的な方法で募集をかける

自社媒体は、採用募集する際にとても有効です。

ホームページ上で

「オンライン説明会を行います」

とお知らせページにアップしましょう。

ネット募集のメリットは、いままではありえなかった、山梨、新潟、青森県の人とオンライン面接ができたことです。ホームページを見て

「こんなことをやっているんだ」

と興味を持ってくれた人が、遠方からも応募してくれるようになってきています。

これは今後の採用の大きな変化になっていくでしょう。


次に効果的な媒体は、意外かもしれませんが、紙の広告です。

採用ではありませんが、発達支援の施設を始めるときにも、保護者向けに募集のチラシを配ったところ、非常に効果がありました。

まだまだ多くの人が、地域情報誌を見ているのです。

地域情報誌『ぱど』や、『ホットペッパー』などのような紙媒体は、現在も多くの人に使われていて、効果が高いという結果が出ています。

これらを活用してみることも、おすすめします。

わかりやすいプレゼン資料を用意する

ストーリーをイメージして資料をつくる

オンライン説明会・オンライン面接でも、資料がとても重要になります。かならず入れたほうがいい要素は、ホームページ作成のときから一貫しています。

1「わたしたちの園にはこんなストーリー、理念があります」と話す

2「では、その理念をどうしたら達成できるのか？」ということを、3ポイント程度で説明できるようにしておく

3「だから、子どもたちをしあわせにできる園なのです」「ぜひ体験に来てください」と締めくくる

園のあゆみ、問題、対策の3つをセットで語ることがポイントです。資料作成時から、このような話の設計をイメージし、流れをまとめた資料も用意してください。

情熱を持ってこちら側の「想い」を伝える

ストーリーで相手を引き込む

自分たちのストーリーの紹介は、人を引き込む入口になります。

これまでの失敗談も含めて話すことで、真面目にがんばってきたことも伝わり、園の理念をより理解してもらえるでしょう。

わたしたちがかならず伝えるように意識していることは、ストーリーテリングです。

面接でも、どう相手を引き込むように話せるかを考えて流れをつくっています。

例として、わたしが毎回話しているエピソードを紹介しましょう。

1 何のためにこの事業を始めたのか？

この保育園は、最初、待機児童対策として始まりました。

やってみて気づいたことは、保育園ごとの保育の質のバラつきです。
ですから、わたしたちは
「子どもたちが最高の笑顔になれる場所をつくりたい」
という大きな目標を持ちました。

そのために活動をしていくと、支援者が増え、施設も拡大しました。

ところが、それでよかったでは終わりません。子どもたちと出会う数が増えるほど、発達に凹凸のある子に出会うことが増えていったのです。

そこから、児童発達支援の活動につながっていきました。

当時保育園内では、発達の凹凸のある子が入園すると、いろいろな問題が起こっていました。その理由は、多くの園が抱えている
「対応をどうしていいのかわからない」

という不安が原因です。


たとえば、関わり方の知識がなければ「〜してはダメ」という禁止用語ばかりを言葉がけに使ってしまいます。反対に

「子どもの好きなようにさせたい」

とただただ見守るだけで何も注意がないと、誤学習につながります。

そして、保育者が困り果てていると、

「療育に通ってください」

と、受領の進んでいない保護者へ向けて言ってしまうことがあります。

もちろん早期に自治体の支援へつなげることはとても大切ですが、まだそういったことを受け入れる心の準備ができていない人に伝えると、ただただ傷つけてしまうだけです。

こういった問題も、現場では起きてしまっていました。


現在の保育現場では、障がい児への支援が進まない構造になってしまっているので、園で対応が難しい場合は、保護者にお願いするしかありません。そのときに
「うちでは面倒をみきれないので療育に行ってください」

などと言ってしまうと、保護者とまた別のトラブルに発展してしまうこともあります。

この構図に気づいたとき、子どもたちを笑顔にするためにどうしたらいいかを真剣に考えました。そこで行きついたのが、わたしたちの会社の理念になった次の言葉です。

「本質的な価値を守るひたむきさを大切にしながら、家族にとって安心安全な環境を創造し、

関わるすべての人の笑顔と豊かさを増やします」

本当に大切な子ども主体の考え方を守り、家族にとって安心安全の環境をつくることは、最終的に子どもたちの笑顔につながっていきます。

職員・子どもたち・そのご家族…。

「関わるすべての人に笑顔になってほしい」

という想いがこの理念に込められています。

かならず話す内容は、以上です。このように「この会社の理念」→「保育園の理念」→「児童発達支援の理念」と、相手にわかりやすい流れをつくって話をしていくといいでしょう。

2　理念を実現するために何をするのか?

理念に沿ったストーリーをつくったあとは、

「それを実現するために、具体的に会社では何をしているのか」

を伝えることも大切です。わたしはこれを3つのポイントにまとめてお話ししています。

①職員の先生たちの知識のアップデート
…これは個人でがんばるには限界があり、とても難しいことです。学べる環境が重要なので、研修に力を入れて取り組んでいます。

②保護者支援
…家庭の笑顔のためには、保護者の笑顔も欠かせません。そのためには、相手に寄り添っていくことが必要です。わたしたちの園では、保護者に信頼してもらえるように、保護者支援・保護者対応にも注力しています。

③先生たちの笑顔のための環境づくり
…最後に一番大切なのが、先生が笑顔であること。先生が笑顔でいられなければ、子どもの支援はできません。そのための取り組みについても、面接では詳しく説明しています。


わたしたちが取り組んでいるポイントは、大きく2つ。

それは、「労働環境の取り組み」と、「ありのままの自分で働ける場づくり」です。

休日取得やチームワーク面などを整える労働環境は、現在ではどの園でも取り組んでいま

す。わたしたちは、問題が大きく取り上げられる前から、

「職員に、素晴らしい先生になってほしい」

という想いから、ずっと力を入れています。

「素晴らしい先生」は、普通の人と何が違うのかを考えてみたところ、人間的な魅力が大切だと気がつきました。たとえばピアノが上手であったり、保育に詳しい人だとしても、その知識や経験を誰にも教えないような人では不十分です。

なんとなく子どもが集まって来たり、保護者が相談をしたくなったり、先生が相談をしたくなるような人こそが「素晴らしい先生」なのではないでしょうか。

こうした人間的な魅力は、その人の歴史のようなものです。経験、体感を通して時間をかけて培うもの。だからこそ、みんなで協力しながらしっかりと休み、たくさん遊んで、自分の人生を自分で充実させるのがいいのです。

そもそも、子どもたちは、園に何をしに来ているのでしょうか？

何かを勉強するため、綺麗な音程で歌を歌うためではありません。

子どもたちは楽しいから園に来るのです。先生と遊ぶのが楽しい、おともだちと遊ぶのが

楽しい、保育園が楽しい。だから通ってくれるわけです。
でも、先生自身が遊びの要素を持っていなければ、アクティブラーニングをすることは難しいでしょう。会社に縛られずに、どんどん遊んで、童心に返る機会をたくさん持たせてあげてください。このための環境をつくることは、会社の責任です。

2つ目のポイントは、ありのままの自分で働いてもらえることです。
わたしは、朝出勤するときに「保育士」というスーツを着て、別人格のように働いてほしくありません。先生たちみんながありのままに働くためには、ルールも大切です。4つのルールと、いまよりもいいと思えることをしようという考え方です。これらがあることで、「わたしの言うことが正しい。わたしについて来なさい」という人が現れなくなってきました。自分の評価だけを自慢するような人に、リーダーの役割はこなせません。それよりも、まわりの人のことを考えて、利他的な行動ができる人、人格者がリーダーになっているのです。

このように、理想を現実にする具体的な方法も伝えることで、信頼性や説得力が増していくでしょう。

採用前に、体験保育にかならず入ってもらう

お互いに雰囲気をチェックする

採用の際に、理念や保育観に共感してくれている人かどうかを判断できるポイントが体験保育です。

面接だけではその人のことはわかりませんし、相手もこちらをわからない状態でしょう。理念に共感して足を運んでくれているので、体験保育では、その感動したポイントが本当かどうか、現場に入って確認してもらうのです。

体験保育のときは、いつも通り、ただ子どもと触れ合ってもらいます。

園の職員は、いつもしているように

「あいさつ、礼節、人の話を聞く、自分の意見を言う勇気を持つ」

ということができる人かどうか見てもらうだけなので、この人とは一緒に仕事ができそう

か、イメージしやすいのです。

いままでは9時半から15時までの6時間半で実施していましたが、コロナの影響で、現在は2時間ほどに短縮しました。ただ

「この人はいいな」
「この人は合っていないな」

といった印象や人柄は、最初の1～2時間でしっかり判断できることがわかりました。

言葉であれこれ上手に言えるかどうかよりも、その人の持っている雰囲気を大切にしましょう。言葉は巧みな人もいますが、行動はなかなか取り繕えないものです。

「この人はなんだか取り繕っているな」
「マウンティングしてきそうな人だな」

という雰囲気や人となりは、なんとなく行動や言葉の端々からも見えてきます。

唯一、技術面は、入ってから時間をかけないと見えてこない部分です。

体験保育や面接で人柄を見る

採用では、人柄の優しさを基準に見ていきましょう。

優しい人には、芯が強い面を持っている人も多いものです。

元気な明るい人だけがいいわけではありません。自己主張の強い元気な人より、自分をあまり出せないタイプでも、優しい人が望ましいですね。

面接では緊張して話せなくなってしまう人もいますが、相手の想いを汲み取るように話しているうちに、とてもいい話をしてくれることも多いものです。

元気がいい、ハキハキしている、経験豊富ということもひとつの強みではありますが、それだけを重視しないほうがいいでしょう。一番は、やはりその人の人柄、優しさです。

わたしたちは、現場で、4つのルールとよりよいことをすぐにやってみる姿勢で整った文化のなかに馴染める人かどうかを確認しています。

人柄は顔や身だしなみにあらわれる

パッと見たときの印象は大きい

「元気キッズの先生は、素敵な表情の人ばかりですね」

「魅力的な人が多いですね」

最近、こう言われることが多くなりました。

その人の魅力は、笑顔や、楽しそうに働いている姿、心の様子などからにじみ出るのでしょう。

そういった意味で、まわりから見て素敵な人ばかり働いているように見えるのは、とても嬉しい評価です。

人の性格は、なんとなく雰囲気でわかるもの。

パッと見たときの印象は、重視されます。

身だしなみにも、その人の人柄があらわれます。

福祉業界では、現場で身体を動かす分、身だしなみに気をつかう余裕がない人もいます。

本人はあまり気にしていなくても、意外とまわりは見ているものですし、自己ケアをして綺麗に保つことは、自分を大切にすることにもつながっています。

園のなかでの約束事として、清潔感がある髪型や、身だしなみを整えるように促せるといいですね。


元気キッズグループでは、園内を誰もが居心地よく過ごせる空間にしたいので、職員間で身だしなみのマナーを徹底しています。

たくさんの人が園を訪れますから、いつ誰に見られても恥ずかしくない状態に保っておきたいものです。

3章

新人を育む

いまどきの新人たち

気になるタイプはもろい人、いい人、発言しない人

最近の新人の傾向で気になるタイプは、もろい人、いい人、発言しない人です。

何かあるとすぐに泣いてしまったり、休んでしまうケースも増えています。

傷ついたことがなさそうな人や、優等生のように振る舞いながらも、話の内容が薄いという人もいます。

反対に、自分を律し、利他的な行動もできて、こちらも感心するようなしっかりした、非常に優秀な人もいます。

このように、いまどきの新人たちのタイプは分かれる傾向があります。

ただ、少し引っかかりのある人も、研修を受けることでいい方向に変わっていきます。

素直な人は、精神的にもろいところが見受けられることもありますが、育んでいくことが

できます。

新人には、とても素直な人が多いのも特徴です。根が素直なのは、愛情を受けて育ってきているからでしょう。少なくとも、元気キッズグループに興味を持ってもらえるのは、人の愛情を知っているからこそだと感じています。

じつはとても考えていて真面目

全体的に、自分の言いたいことをうまく言葉にできないために、発言ができないという傾向はあります。この点については、時間をかけて相手を知る余裕がこちらにも必要です。丁寧に話を聞いていくと、とても深く考えていて、いい意見や発想を持っている人が多いのも最近の新人の特徴です。

これからは職員に即戦力になることを求めるのではなく、ゆっくり育んでいくスタイルに変えていきましょう。環境が合わない場合は、配置転換も積極的に行います。数ヵ月様子を見て、この園には向いていないと感じたら、すぐに別の園に異動させる検討を始めましょう。環境を変えることで、よくなるケースも多いからです。

一人ひとりをよく見ることがとても重要

環境に合っているかどうかをしっかり検討する

昨今の新人には、自分を表に出すことが苦手なタイプが増えています。

第一印象や研修の様子だけでは、十分に判断することが難しくなってきました。

採用後にこちらで適性を見てあげることがとても重要です。

「この子は本当に保育・療育に向いているのか？」

「周囲との相性はどうか？」

「園のカラーに合っているのか？」


客観的に見て、もしも合っていなかったり、息苦しさを感じているようであれば、その子が輝ける場所を探して、異動できるように考える必要があります。

合わなかった場合は、入所半年でも、1年目でも、本人に適した場所へ移ってもらうことを考えます。

元気だったのに会社に行きたくなさそうな様子に見えたら、異動を考え始めるサインです。

人に合わせて配置転換は柔軟に対応する

実際に、環境に合わずうまくいっていなかった人の配置換えをしたところ、異動先で花開き、活躍するようになったというケースもありました。もともと福祉の仕事への想いが強い人だったので、いまは保育現場でとても頼られる存在になっています。

どんな人にも、輝ける場所はかならずあるものです。1年目で異動の判断をしなかった場合でも、個々の状況に合わせて、随時配置転換を検討したほうがいいでしょう。

いまは、新人の場合、最初は小規模の園から始めるという、ステレオタイプのやり方は合いません。とくに新人教育では、「A→B→C」と型通りの進め方を全員に適応させるのではなく、人に合わせて柔軟に変えていくことが求められているのです。

丁寧に育めば、ぐんと伸びる

実例①物覚えが悪いAさんのケース

ここでは、いくつかの新人の実例をあげて解説していきます。

学生時代から物覚えが悪かったという人は一定数います。

わたしたちの園にもそのタイプの新人Aさんがいて、1園目、2園目と配置転換をしたのですが、まわりも手を焼いてしまうほどの状況に…。本人も
「わたしは覚えることができないんです。メモを書いても忘れちゃうんです…」

と、本当に悩んでいました。


試行錯誤しながら過ごしていた2年目の春。3園目にして相性のいい園が見つかり、人が変わったように笑顔が戻っていきました。

まだまだ一人前ではありませんが、いままで1年かけて0.5人分の働きだったところから、

半年で0.9人分の働きができるところまでに成長しています。責任感が生まれ、仕事に自信を持って取り組めるようになり、性格もぐっと明るくなりました。決してできるタイプではありませんでしたが、適切な上司を見つけることで伸びていった成功例です。

新人の場合、はじめてのひとり暮らしの大変さが影響している可能性もあります。過緊張が原因で、本来できるはずのことが焦ってできなくなってしまったり、物覚えが非常に悪くなるということも、あるかもしれません。

Aさんは、それまでの2つの園では、なかなか芽が出なかったわけですが、それは決して園での対応が悪かったというわけではありません。かなり伸び悩んでいる人がいる場合、会社や人によっては、チームが大きなストレスを抱えてしまう場合もあります。たとえ優しい人ばかりの場でも、人間同士ですから、合う・合わないということは出てくるものなのです。

Aさんの場合では、3園目の施設長の息子さんが発達障がいを抱えていたので、施設長に

Aさんのようなタイプの人を受け入れる度量があり、どんどん認めて、褒めて育てるという対応ができたのかもしれません。

人が成長するかどうかは、自分に合った人のもとで働けるのかと、本人自身が素直かどうかがポイントです。

合う環境を見つける手助けはできますが、素直さがなければ人は伸びないでしょう。

実例②優等生タイプBさんのケース

頭もよく、器用で何でもできそうな新人のBさんが入ってきたときのことです。

期待を込めて児童発達支援の現場に配属しましたが、仕事になかなか馴染めず、どんどん笑顔がなくなってきてしまいました。

本人からの相談もあり、このときは別の事業所、保育園、小規模保育、認可保育…と、2ヵ月間いろいろなところを本人に見学してもらってから、

「どうしたいのか」

「何が自分に向いていると思うか」

を改めて話し、対策を進めていきました。

2ヵ月間は戦力外になってしまいましたが、これも場合によっては必要なことです。

間もなくして、本人がやる気になる現場が見つかりました。その園には同期がいたこともあり、お互いに切磋琢磨して、2人ともどんどん伸びていきました。

配置換えは、問題が深刻になる前、できるだけ早いうちから柔軟に行いましょう。

わたしたちの園でも、配置換えのタイミングを逃さないよう、職員の様子に気づけるようにアンケートを取ったり、何かあったら言うようにと、本部から発信しています。

職場アンケートは、ラインワークスなどで行うことができます。

総務がアンケートを見て判断し、現場にもヒアリングを行う。

このように、丁寧に育んでいく仕組みを会社全体でつくっていきましょう。

新しい時代の新人教育はこう変わる

「背中を見て覚えろ」は古い

背中を見て覚えるという考え方は、昔の
「何も言わないほうが自分で考えて動けるようになる」
という時代には合っていた教育法なのかもしれません。
でも、現代の新人たちには、そのスタイルは合わなくなってきています。

保育業界には、全体的に一般の企業と比べても
「早く一人前になってほしい」

という雰囲気があります。新人も中途もベテランも関係なく、

「これくらいできて当たり前でしょ」

と、丁寧に教える意識が薄い業界なのです。

この「すぐに」というのは、感覚的には3ヵ月から遅くても半年程度。その間に、ミスなくひとりで仕事ができる状態になることが求められています。

でも、本来は、どんな仕事でも3ヵ月や半年で「一人前」と言われるレベルになるのは難しいことです。保育・療育業界では、そのスピードを、新人、中途職員に関わらず、求めてしまっているのです。

何も教えず、できて当たり前、というスタンスでいては、もともとできる人しか伸びていきません。できる人は何も言わなくてもできるようになっていく分、このスタンスが改善されてこなかったのでしょう。

ただ、保育士不足の時代ですから、そのままでは人が減っていく一方になってしまいます。人手が足りないからこそ、保育士を育てるというマインドが必要なのです。できる人だけを伸ばすのではなく、成長がゆったりしている人にも、じっくり確実に伸びていくタイプの人にも、丁寧に教えていく必要があるでしょう。

新人教育には1年間かける

1年スパンで育てる仕組みをつくる

一般的な企業では

「1年かけて一人前になってもらえればいい」

というところも多いのですが、前項でお伝えしたように、保育業界では、半年くらいで一人前になるのが当たり前です。

「半年も経つのに、まだそんなこともできないの?」

「超人的な先生にならなくてもいいけれど、もうある程度は保育のことができるはずだよね」

と言った言葉もよく耳にします。これでは本人も

「早く一人前にならなくては…」

と焦りを感じてしまうでしょう。

ですから、1年間かけて一人前になっていけるように、園での育成の仕組みから変えていくことがとても大切です。たとえば

・新卒職員向けに入社後の理念研修
・個人面談（one《ワン》on《オン》one《ワン》ミーティング）
・必要に応じて先輩が後輩の面倒をみる「シスター制度」の実施

このように、新卒職員に対しては非常に丁寧に教えて、できることを増やしてもらうような取り組みをしていきましょう。

たくさんの新人に対峙してきましたが、成長のスピードは人によってバラバラです。

4月入社後の研修（理念・マナー・保育研修）、5月の振り返り研修、7月の個人面談、10月の振り返り研修…というように、半年間で細かく設定をしていないと、新人はどんどん辞めていき、離職率が高くなってしまいます。

面接などでここまでしっかりと関わっていくと、その人の成長度合いもわかるようになります。

「この人は表面的にはいいことを言っているけれど、まだ深く考えられていないな」といったことがわかったら、もっと深く考えられるように促すなど、面接時に対策もできるようになってきました。

個人面談などをこまめに行うことで、こちらから個人目標の設定を一緒に考えることもできるようになるのです。

教育を現場任せにしない

ここを現場だけに任せてしまうと、ここまでのフォローは難しいでしょう。

いつも一緒にいる施設長や先輩のアプローチは、感覚的になりやすいので、その関わり方で伸びない人は、同じ指導を続けたとしてもいつまでも伸びません。

ですから、会社全体で教育に関われるような教育計画をしっかりつくることが大切なのです。

1年後に会社の理念、保育観の理解、保護者対応までできるようになるのが理想

1年後に成長していてほしい目標を明確にする

わたしたちの園が新人教育をする際に設定している1年後の目標は、

・会社の理念・保育観を理解すること
・保護者対応ができるようになること

です。もちろん、これはあくまで理想なので、みんながかならずそうなれるわけではありません。

これらを目標にしている理由を、それぞれに解説していきます。

会社の理念と保育観を理解してもらうことがなぜ大切なのか。それは、「自分たち（この保育園、この法人）は何を目指しているのか」という理念を理解していなければ、

「どうして先輩たちはここまでがんばれるのか？」

「なぜこの会社はこんなに施設を増やすのか？」

といった会社の取り組みの理由がわからず、なんとなく
「仕事が大変だな…」

という気持ちばかり増えてしまうからです。


保育園の採用募集に応募する理由は人によってさまざまですが、保育観への理解がない人は、最終的にはかならず辞めてしまいます。そういったことがなく、

「この園に来てよかった」

と思ってもらえるよう、1年かけて園の理念がしっかり根づく働きかけをしていくようにしています。


会社の理念への理解度は、「自己評価シート」で本人にも自己分析をしてもらい、実際の動きとシートを見ながら測ることができます。

保護者対応は、徐々にできるようにしていく

もうひとつ大切なのが「保護者対応」です。

これは、もともと1年間でできるようになるほど簡単なものではありません。新人の場合、たいていは保護者のほうが年上なので、ひとりで保護者対応をするのは不安になるものです。ただ、現場ではどうしてもひとりで保護者と話す時間が生まれるため、避けて通ることはできません。

ですから、いつまでも苦手意識を持つのではなく、少しずつできるようになることを意識してもらいたいのです。


1年未満のスタッフなら、ひとりで保護者と対応する時間はできるだけ短くするところから始めるのがいいでしょう。

先輩は横にいるだけでもいいので、最初はできるだけひとりきりにしないようにしましょう。徐々に慣れて、1年後にひとりで話せるようになるところを見据えれば、成長を促すことができます。

新人には、社会人マナーをしっかり教える

マナー研修は1日で行う

保育業界では社会人マナーを教わる機会がなく、まったく知らない人も多くいます。そのため、研修ではすべて一から教えるようにしています。具体的には、

・社会人としての基本姿勢…時間の管理、新卒職員の心構え、小さなことこそ率先して行う、わからないことを聞く、勇気とスキル、SOSを出す勇気など

・ビジネスマナー…身だしなみ、言葉づかい、書類作成のルール、SNSのルールなど

これらをすべて1回の研修で覚えてもらっています。

教わっていないからできないだけで、素直な人たちは1日で身につけられるものなのです。

最近は「報連相」や「社会人のコミュニケーション（伝える力、聞く力）」も教えるようにしています。

社会人としての基本姿勢

時間管理

時間を守ることは、得意・不得意ではなくできることです。最低限守る常識だと認識しておきましょう。わたしたちの園では、次のようなことを共有しています。

①出社10分前には到着

たとえば9時から出勤なら、9時にすぐ業務ができるように、10分前には到着して、着替えて準備をしておきましょう。

②遅刻するときは、理由と出社時間を伝える

遅刻をしてしまうときは、「電車遅延や体調不良で病院に寄るので遅れます」など、理由と出社時間の目安を伝えましょう。

③悪天候のときは、始業時間に間に合うように早めに出社する

台風や雪の日など、あらかじめ遅れそうな場合も「遅刻でいい」と思うのではなく、間に合うように早めに家を出ましょう。

④連絡するときは就業時間内にする

連絡をするときは就業時間内に。元気キッズでは7時半〜19時が目安です。緊急で、どうしても連絡したい場合は「お休みのところすみません」のひと言を入れてください。

⑤会議のとき、10分前より前には行かないように心がける

会議や研修に参加するときは10分以上前には行かないほうが望ましいです。先方も準備をしている可能性があります。もちろん遅刻は厳禁です。

退勤するときは「時間になったら帰る」のではなく、先輩に何かすることはないか確認して、「お疲れ様でした」と声をかけて退勤しましょう。

社会人としての意識

①仕事
・労働の対価（役割を果たしてこそお金が発生する）
・自己実現の場（自分がこういう保育をしたいな、こんな行事をしてみたいな）
・成長の場（仕事を通して、経験を積み、それが自分の成長につながる）

②保育士
保育士は子どものスペシャリスト・専門職。子どもたちの利益のために最善を尽くすことが一番大切です。保育は常に変わり、正解がありません。経験を積めば積むほど、自分の力になります。

③自己管理
心と身体の健康を自分で管理すること。保育はチームワークの仕事。お休みのときは、誰かが代わりに役割を担ってくれています。

規則正しい生活、栄養バランスのとれた食事などで体調の管理をしてください。遅刻、欠席、早退が多いと勤務態度がよくないという評価になります。

また、心もケアも大切です。ストレス解消を自分でできるようにしましょう。

④自立

自分で稼ぎ、生活していく経済的自立。計画的にお金を使いましょう。「自分の仕事は自分の仕事」という認識も自立です。自分の発言、行動に責任を持つこと。学生のときは、何かあれば親も一緒に責任をとってくれていましたが、社会人は自分の責任です。でも、まわりに頼ることは、あってもいいことです。

⑤公私

「公」とは仕事のとき。苦手な人がいても、仕事には行かなければいけません。どう対応するのか考えることが大切です。家ではないので、ここは気持ちを整理整頓しましょう。「私」とはプライベート。楽しむこと。好きなことをたくさんしましょう。でも、どこで人に会うかわからないので、会社の一員という意識を持っていてください。

新卒の心構え

①小さな仕事こそ率先してやる

新人のときは、できることが少ないからこそ、最大限できることはやりましょう。小さな雑用も一つひとつ丁寧に取り組んでいくと、だんだん雑用でない仕事を任されていきます。

②わからないことを聞く勇気とスキル

わからないことや、できないことは、あって当たり前です。言わなければ何も始まりません。でも、人に聞くときには、何がわからないのかを自分で調べたり、考えてからにしましょう（元気キッズ４つのルールの「礼節」にあたります）。

③ＳＯＳを出す勇気

元気キッズでは「よい」「悪い」で判断しません。また、「いますぐできるようになってほしい」とは思っていません。小さなトラブルは大きなトラブルになります。こまめに報告しながら進めましょう。

自分の気をすり減らしてまで働く必要はありません。保育の仕事はチームワーク。自分も助けてもらって、自分が先輩になったらほかの人を助けて、恩返しをすればいいのです。

ビジネスマナーの基本を教える

身だしなみ

わたしたちの園では、ビジネスマナーも一つひとつ具体的に伝えています。

ここでは、園内で共有しているビジネスマナーのルールを紹介します。

人の印象は15秒で決まります。最初のイメージは消えません。第一印象の87％は視覚、次に聴覚と言われています。つまり、人は見た目で判断するものです。

《身だしなみチェックリスト》
1　寝ぐせはありませんか？
2　フケがありませんか？
3　髪をまとめていますか？
4　前髪は目にかかっていませんか？

5　極端なカラーリングをしていませんか？
6　化粧は濃くありませんか？
7　服やエプロンにシワや汚れはありませんか？
8　爪は切っていますか？
9　香水はつけていませんか？

言葉づかい

言葉づかいは心づかい。言葉ひとつでぐっと印象が変わります。誤った言葉づかいの一例を紹介します。正しいものに直してみましょう。

①「ご苦労様です」↓「お疲れ様です」（目上の人には使いません）。社外では「お世話になります」
②「了解しました」「わかりました」↓「承知しました」
③「すみません」↓「申し訳ありません」
④自分の名前：「◯◯は」「俺は」↓「わたしは」（自分のことを名前で言わない）

⑤「お父さん」「お母さん」↓「お父様」「お母様」（自分の親ではないため）
⑥同僚に対して：「○○ちゃん」↓「○○さん」（仲良しともだちではない）
⑦「ごめんなさい」↓「申し訳ありません」
⑧「○○先生にお伝えいたします」↓「○○先生に申し伝えます」
⑨「どちら様でしょうか？」↓「お名前をうかがってもよろしいでしょうか？」
⑩「よろしかったでしょうか？」↓「よろしいでしょうか」（過去形ではない）

・NG言葉
「超」「スゴイ」「ヤバい」「マジ」「だって」「ていうか」「～みたいな」「ありえない」「～的には」「ぶっちゃけ」「ウケる」「ガチで」

・クッション言葉
「恐れ入りますが」「恐縮ですが」「お手数をおかけいたしますが」

・否定しない
×「ダメ、できません」

◯「難しいです」「お受けいたしかねます」

・話すときのポイント
明るく、はっきり、ゆっくり、表情をつける、語尾を伸ばさない、の5つ。
「ありがとうございます」と言うクセをつけましょう。

書類作成のルール

①提出書類に書く、7個の必須項目
提出日、所属園、名前、タイトル、場所、開催日時、参加者（講師名は「〇〇保育園の園長」など）

②内容よりも学んだことを書く
研修を受け、どんなことを学び、どのように活かすのかを書きましょう。

研修は、ただ受けるだけではなく学ぶ場所です。その研修を受けて「自分には何ができるか」ということまで考えてください。

③相手にわかりやすく書く

字を綺麗に書く、誤字脱字に気をつける、簡潔に書く。

これらは読む人への配慮です。誤字脱字はいい加減な気持ちととらえられます。

④確認をする

声に出して読む、プリントアウトをして確認するということを徹底しましょう。

メール、SNSのルール

《ビジネスメールの基本》

①宛先（社内→○○さん、先生／社外→(株)○○　○○様）

②あいさつ（社内→お疲れ様です／社外→お世話になっております）

③最後の言葉（よろしくお願いいたします）

④署名（社内→○○園　中村／社外→署名）

送る時間帯にも気をつけてください。メールもSNSも、深夜はNGです。

基本的には絵文字を使わないようにしましょう。

《SNSの基本》
①あいさつ（お疲れ様です、おはようございます）
②最後のあいさつ（よろしくお願いいたします）

電話応対のルール

電話に出るのが怖いとき、わからないことがあれば確認をしてください。
会社の顔という意識で対応してください。
電話は顔が見えないので、いつもよりワントーン高めで明るい声で話しましょう。

①3コール以内に応答する
②わからないことは保留する
③保留は30秒以内。それ以上かかる場合は折り返し対応にする
④「もしもし」はビジネスでは使わない

⑤メモを準備して対応する
⑥ゆっくり話すよう心がける

報・連・相

保育はチームの仕事です。ひとりではできません。かならず誰かを助け、助けられるものだと思っていてください。そのために、コミュニケーションがとても重要です。

報告、連絡、相談は、仕事のコミュニケーションのなかでもっとも大切なことです。

・報告
仕事の進捗、トラブル、いい報告、悪い報告など。

悪い報告は言いにくいことですが、絶対に責めませんから、安心して伝えてください。報告しないことが、後々に大きなトラブルになります。

・連絡
伝えるときは、相手にわかるように心がけます。聞く姿勢も整えましょう。勤怠の連絡などは速やかに。相手にわかるように伝え、自分が聞くときはかならずメモをとりましょう。

・相談

困ったこと、わからないことは相談してください。判断に悩むとき、不安なときも相談しましょう。悩んでいても解決にはなりません。どんなことでも相談しましょう。そのとき、自分なりの考えも伝えてみてください。

社会人のコミュニケーション

「人と話すことが好き、人見知りしない＝コミュニケーションが得意」ではありません。社会人になると、いままで関わることがなかった、年上の人、経験の長い人、子どものいる人など、いろいろな人と接するようになるでしょう。

それぞれが異なる価値観を持っていることに気をつけて対応してください。

①伝える力

上司、先輩、同僚、保護者、子どもなど、相手の立場に合わせて適切な言葉を使い、相手にどうしたら伝わるのかを考えて話すことが、社会人としてのコミュニケーションでは大切です。

②気配り

相手がどう思っているか、どうしたら喜んでもらえるかを常に考え、行動しましょう。「こうしたら嬉しいかな」「これをしたら助かるかな」と思うだけでなく、行動に移します。

③聞く力

他者傾聴。目を見て聞く、うなずく、あいづちを打つ、顔に感情を出さないことを意識しましょう。他人の助言に耳を傾けると、客観的に自分を見直すことができます。注意されても素直に聞くこと。注意するほうも、いい気持ちではありません。ですから、「言ってくれてありがとう」というスタンスで聞いてください。言われたことを鵜呑みにしすぎる必要はありません。自分でも考え、その意見を整理する必要があるのです。

④常識、礼儀、礼節、敬意があること。

ここで伝える「常識」とは、法律や社会のルールを守ること、社内規定を守ることです。

・常識＝法律を守ること、人として守ること、社内規定を守ること。
・礼儀＝基本的なマナーや作法（あいさつ、お礼）のこと。
・礼節＝自分の心に節度を持ち、相手への敬意や思いやりを持ったうえで行う行動。
・敬意＝相手に対する尊敬の気持ち。年上、経験、同じ人間として相手を尊敬する気持ち。

苦手な人がいても常識を持ち、礼儀や礼節、敬意を払いましょう。嫌な人、合わない人がいても、あいさつをする、お礼を言うなど、基本的なことは守りましょう。

学生のときは、付き合わないという選択でもよかったかもしれませんが、どこに行っても合わない人はいるものです。その人のいいところを見つけたり、どう考えているのかを想像してみたり、割り切ったりすることも必要になります。これらすべてに共通していることは、自分本位ではなく相手本位に考えて行動するということです。

保護者や一緒に働く職員のことを考えることが、社会人としてのコミュニケーションです。わたしたちの園の研修では、人と関わるところで必要になってくることを、具体的に伝えるようにしています。

叱りつけない、人格否定しない

注意をするときは、客観的に事実のみを伝える

誰でも、人前で怒られると自尊心を傷つけられます。

叱られたり、怒られたりしてきていない世代の人たちに向けて、何か言わなくてはいけないときには、個別にこっそり伝えるようにしましょう。

このとき、その人の人格や人間性を否定するのではなく、仕事の面についてだけ触れることが重要です。あくまで

・今日ミスしてしまったこと
・会社の理念と違っていること

ということに焦点を当てて伝えましょう。

「最近の若い人は」

という言い方もNGです。

「ただ仕事の面についてだけ、お話をしています」

「あなた自身を否定しているわけではありません」

ということを、最初にしっかり伝えてから話すようにしてください。


職員の育て方と、子どもの育て方はよく似ています。自尊心を傷つけられると、大人でも、子どもと同じようにやりきれない気持ちがどんどん胸のうちにたまっていくものです。そうすると、仕事の面だけ伝えようと意識していても
「自分は大切にされていない」

と思われたり、

「人前で否定されて、見せしめにされた」

と誤解されることになってしまいます。

逆に、なかなか変わらない人や
「この人は、もうどうしようもない」

という場合には、三者面談などでその人のできていない部分を開示して共有すると、効果があるかもしれません。

こういった、できないことの共有は、会社全体を守ることにつながっています。

第三者を交えるときには、パワハラにならないように配慮しながら行いましょう。

実例① 仕事をパート職員任せにしてしまう人

ここでは、園でよく起こりがちなケースについて、実例をあげて解説します。

職員のなかに、仕事をパート職員任せにしている人がいました。この職員の場合は、一度個人面談をしたあとも態度が変わらなかったので、施設長と代表の三者面談を行いました。

結果、個人面談で伝えていた内容も理解できていなかったことがわかりました。そこで、

「感謝の気持ちが足りない」

「必死にがんばっている姿でしか、まわりは認めてくれないですよ」

ということを伝えていきました。

ただ、こういった人は、今後も変わることが難しいタイプでしょう。

ずるさが垣間見える人の場合、自分から変わることが難しいからです。

実例② 注意をするとふてくされてしまう人

注意をするとふてくされてしまうタイプの人は、どの会社にもかならずいるものです。
はじめはかならず個別対応をするようにしましょう。
いつまでも変化が見られないなら、代表と上長と本人との三者面談を行います。

指導を行うとき、改善することもあれば、改善しないこともあります。
すぐには変わらない場合のほうが多いでしょう。わたしは
「相手が変わるまで3年間は粘る」
と決めているのですが、一向に改善されない人は、その間に自然と自分から辞めていくこともあります。

このタイプに共通しているのは、マウンティングをしたり、他者への感謝が弱い点です。
「わたしはこんなにやっているのに、どうして評価してくれないんですか！」

と、自分中心の考え方になってしまう人もいます。
こういった人たちは、ほかの人よりも上に立ちたくて、自分の視点でしか物事を見ることができません。そして他者を否定してしまうタイプが多いのも特徴です。
マネジメント側がどんなに粘り強くがんばっても、最後には辞めていってしまうことのほうが多いでしょう。

この2つの例のように、こちらがどんなにがんばっても、変わることが難しい人はいるものです。こちらの言葉がけも、自分の都合のいいことしか受け取らず、言葉をねじ曲げて受け取られてしまう場合もよくあります。

真面目な人ほど
「もっとほかの方法があったのでは…」
と悩んでしまいがちですが、マネジメント側がどうがんばっても、変わらない人は変わらないということも知ったうえで対応することが大切です。

人が辞めるときには、辞め方もとても重要です。

揉めてしまうとあとから悪口を言われることもあるので、できるだけ円満退職を目指しましょう。

自己主張の強いタイプの人も、特性に合った場所はかならずあります。

たとえば、スタートアップ企業などでは、このタイプでも向いているかもしれません。

どういったスタッフであっても、お互いに円満な形で雇用を終えられたほうがいいですし、環境が合わなかったのだろうというケースももちろんあるので、わたしが退職する職員を送り出すときには

「ここではなく、ほかに合う場所もあるかもしれないよ」

と本人に直接伝えるようにしています。

チームで新人を育む

横のつながりを持たせる

学生から社会人になったとき、ひとりでは精神的に厳しいことがあるでしょう。

いまの保育業界は、園で新人をひとりしか雇えないということも多いので、小さな保育園ならとくに、近くの施設にいる年齢の近い職員と仲良くなれるようにお膳立てしてあげるといいでしょう。

・同期とSNSグループをつくってもらう
同期がいるなら、連絡がとれるようにお膳立てをしてあげましょう。

・食事会を設ける
費用だけ渡して

「若手だけで食事してきたらどうかな」

と食事会を設けることもあります。そういった場のほうが本音を言いやすくなるからです。友人同士や同僚なら、グチを言う機会もときには必要でしょう。ひとりで抱え込まなくてすむよう、本音の言い合える関係を上手につくってもらいます。

・ゴーアウト制度を設ける

わたしたちの園では、昨年から外のカフェで気分転換してコミュニケーションをとるという制度を設けました。これは、1施設につき月に1回程度、仕事の合間に気になる人と一緒にカフェに行ける制度です。仕事以外のことも気軽に話せるように、また、仕事の悩みを時間内でも話せるようにするという目的で設けました。

現状では、年間を通して、ひとり1回は利用ができています。

実際に導入してから、社員の仲がよくなってきているように感じています。

ただ仕事を遂行してもらうだけでなく、スタッフが気持ちよく働けるよう、心のケアを考えた体制も、積極的に整えていけるといいですね。

かならず新人教育担当をつける

新人は「できる人」の下につける

新人の人員配置を行き当たりばったりで決めると、すぐに辞めていってしまうでしょう。新卒を採用するときには、その人に合った育成計画を立ててください。重要なのは、育てられる「できる人」の下に配属すること。施設長や主任がいいでしょう。

人は近くにいる人の振る舞いや言葉づかい、気の使い方などまでコピーしていくものです。できる人の下につけてあげることで、新人は一番伸びていくでしょう。

実際、わたしたちの園で3年目を迎えるあるスタッフは、できる先輩に、話し方から所作まで似てきていました。本人がもともとできる人だったこともありますが、社会人1年目で尊敬できる上司がいたことは大きいでしょう。

尊敬できるからこそ、積極的にマネをして、仕事も覚えていくのです。

研修記録には、主観だけでなく周囲への気づきも書かせる

物事を客観的に見る練習をする

研修記録は感想文ではありません。意識して書くことで、客観的に物事をとらえる練習や言葉づかいのチェックを行うことができます。

はじめは、どうしても自分の主観で物事を見てしまうものですが、自分の主観に偏っている保育士は、子どもの視点で見ることができません。

この取り組みのきっかけは、児童発達支援の現場です。応用行動分析（ABA）を考えていくときは、いまある事象だけを考えていても何も解決しません。まず今朝のその子の様子や育成歴（歴史的背景）、環境（今日は何が起きていたのか、どういう気分のときに苦手なのか）といったことを客観的に分析することが必要になります。

「ほかの先生はこういう動きをしていた」

「ここはこうだから、この子に対してこういう動き方ができたのだ」

と気づけるようになることが、研修で学ぶということです。


この取り組みを導入したことで、新人がどのような視点を持って現場に入っているのか、どこまでまわりの様子を気づけているのかなどが、研修記録からわかるようになりました。
・周囲への気づきが少ない
・自分の視点を持つことが弱い
といった、その人の成長度合いに気づけるようになったことも大きなメリットです。


また、研修記録の文章からは、その人の言葉づかいもわかります。

園では保護者へのお便りがあるため、言葉づかいもとても重視しています。お便りの書き方ひとつで、日頃の言葉づかいや子どもたちとの関わりの深さなどが保護者に伝わってしまうでしょう。

日報や日誌からも、いろいろな問題や改善点が見えてくるものです。

日々書く機会をつくって訓練し続ければ、文章力はかならず上がっていきます。

4章

転職組を活かす

転職組はいま勤めている保育園に満足していないケースが多い

本章では中途採用の考え方・方法から、中途採用者が早期に力を発揮できるようにサポートする仕組みづくりまでを紹介していきます。

理念や保育観に共感する人を採用する

そもそも転職活動する人は、現在の職場に何かしら満足していないところがあり、「新しい場所でなら、何か変えることができるのではないか」という気持ちで中途採用募集に応募しています。ですから「この保育園でなら、やりたいことを実現できる」と思ってくれる人を採用したいものです。

理念や保育観に共感する人を採用するには、この発想がとても重要です。

そのためには、面接や体験保育を通じて

「この園に入ったらこんなことができるんだ」

「こんなふうに変われるんだ」

と、実際に体感してもらいましょう。

中途採用の場合、基本的には保育士としての経験値があるので、わたしたちの園では基本的な保育や、子どもとの関わり方などはすべて身についていることが前提で採用しています。

保育理念に共感してくれる人であれば、即戦力にもなってもらいやすいでしょう。


何にも染まっていない新人の教育より、これまでと異なる職場に馴染む必要のある中途入社組の教育のほうが大変な点もあります。ただ、教育動線がしっかりしていれば、中途採用で入る人にもかならず園に溶け込んでもらえるようになります。

違和感のある人は採用しない

本書で繰り返し紹介している理念に共感する人を集める採用方法では、園に馴染めないような人は、自然と入社しないようになっていくはずです。

例）事前に辞退されるようになる
面接でいいことを言っていた人に体験保育に来てもらったところ、現場から
「違和感がある」
「ちょっと暗い」
という声があがりました。

このとき、わたしも面接時に少しだけ違和感を感じていました。それは、どれだけいいことを言ってくれていても、最後に質問されることが、給与や時間といった条件のことばかりだったからです。園では役職に就くのが給与面を上げる一番早い方法になっているため、その人には、役職者を目指してほしいというお話をしました。

その後、最終的に本人から辞退の連絡が入りましたが、理由はやはり、給与の金額を優先したいからということでした。もし違和感がある人を無理やり採用していたら、すぐ辞めてしまうことになっていたでしょう。こういった場合は無理やり引き止めてもまったく意味がないので、受け入れるのが一番です。

このように、違和感があるかどうかは、お互いにしっかり確認しておくことが大切です。

「無理やり引きとめる必要はない」

とわたし自身も言えるようになったのは、採用の流れができてきてからのことです。いろいろな人が応募してくれる仕組みができてきたからこそ、違和感のある人を断れる精神的な余裕が生まれました。もし「人材不足なのに人が集まらない…」という状態になったら、無理やり雇ってしまうこともあるでしょう。ただし、そうするともっと組織が荒れて悪循環に陥ってしまうので、ここは踏ん張りどころでもあります。

共感している人・していない人を見極める

給与や福利厚生面といった職場環境をよくするのは、企業としては当たり前の努力です。採用の窓口を広げることも必要なことです。

ただ、その条件だけを見て応募しているような人は、園とは合わないので、採用しても辞めてしまいます。ですから、園の理念や保育観に共感している人を採用することが大切なのです。

「うちに来たらこう変わります」という絵をしっかり見せる

園の雰囲気を実際に感じてもらう

離職も転職も、本人にとってかなりの勇気がいることです。
いま満足していないことに対して
「転職しても同じことが起きたらどうしよう」
という不安な気持ちも持っているはずです。

だからこそ、面接や体験保育時に園の様子を応募者にも確認してもらい、その人が自分で働くことを想像できるようにしてあげたほうがいいでしょう。応募者は、体験保育で
「ここなら安心して仕事ができる」
と確信して、はじめて仕事にコミットしてくれます。ですから、面接では言葉で説明して、体験保育では体感してもらうという流れが重要なのです。

このときにいいなと思う人は、雰囲気の優しさや物腰の柔らかさ、明るさを感じられる人です。明るく元気に楽しく働いている元気キッズのスタッフに、うまく馴染めるかどうかが決め手になってきます。

実際に、体験保育で感触がいい人は

「本当にみなさんが素晴らしくて…」

「4つのルールを実践されていて…」

「楽しかったです！」

といった、ポジティブなリアクションをしてくれるものです。

園に合うか合わないは1日でわかる

一方こちらが違和感を感じるような人は、

「こうしたらいいかもしれない」

「あれがいいかもしれない」

と、その場で自分の意見を主張するので、すぐにわかります。

これはとくに、すでに管理職などの役職に就いている人に見られる傾向です。体験後に

「やっぱり合わなかった」

ということになる人は、体験保育の感想を話すときから、ポジティブなことを言いません。

「もっとやっていこう。がんばっていこう」

という活気のある現場では、そこに対して馴染めない人は、本人も1日で合わないと感じるものなのです。そこには、経験のあるなしは関係ありません。

馴染めない人は

「いま伸びている保育園、会社さんはこういう雰囲気なんだ。でも、わたしはもっとゆっくりドッシリした場所がいいな」

といったように、自分で辞退していきます。

このように、合うか合わないかはとてもわかりやすく表面化するものなのです。

あえて異業種からの転職組も積極採用する

異業種転職組が入ると、変化に消極的な現場も変わる

保育業界だけにいる人よりも、一般企業を経験してきた人のほうが、視野が広かったり、目的意識がはっきりしていたりすることが多い印象があります。

また、保育業界で働いている人には、収入への意識が高くないように感じることがあります。たとえば、保育園で仕事をするということは、何によってお金をもらえているのでしょうか？　答えは、子どもたちが園に来ることによる委託料によってです。

ここがわからない人は、園児数が減っても気にならず、完全に他人事ととらえています。

「稼働率が低くて申し訳ない」

と考える人などほとんどいません。

これが、保育業界が新しいことに消極的になってしまっている原因のひとつでしょう。

たとえばＩＴを導入しようとするときにも、

「昔ながらの手書きのほうがいいよ」

という意見が多い傾向があります。

一方、異業種から転職してきた人にとっては、パソコンで仕事をすることが普通です。クラウドでデータを保存することにも、違和感や抵抗感があまりありません。

一般的にいいと言われているビジネスツールなどについても、異業種転職組のほうが、経験値や経験の幅があるため、受け入れてもらいやすい面もあります。

こういった人がいることは、園にとって非常にプラスになるでしょう。

保育への強い想いを持って転職してくる人も多い

異業種から元気キッズグループを希望して入社したスタッフを見ていると、社会に揉まれてきている分、社会・ビジネスでのストレス耐性が高いように感じることも多くあります。

ひと言で言うと、変化にも強いのです。

目的意識についても、じつは大きな差があります。
最初から保育業界にいるからといって、かならずしもすべての人が
「絶対に保育の仕事がいい！」
と思っているとはかぎりません。

異業種から転向してくる人のほうが、社会人になったあと
「やっぱり保育がしたい、福祉がしたい」
という想いを持って保育業界に転職するため、なんとなく希望してみたという人は少ないのです。ほかの業界を見たうえで
「やっぱり子どもを相手にしたい」
という強い想いを抱くので、いざ入社するととてもやりがいを持って活躍するようになる傾向があります。

変化に消極的で新しい風を入れたい意向があるのなら、異業種転職組の採用は、とても有効と言えるでしょう。

実例　元気キッズグループの転職組の活躍

園に新しい考え方を運んでくれた

最近、わたしたち元気キッズグループは、オランダの保育手法である「ピラミーデ」を取り入れ、子ども主体でオルタナティブな保育を実践するよう変わってきました。

これは、保育のやり方を大転換する変革です。

このピラミーデを取り入れたプロジェクトリーダーは、異業種から転職してきて

「子どもにとってよりよい環境をつくりたい」

「子ども主体の保育がしたい」

という想いが強い人でした。

保育業界の常識に縛られていない人が園に加わると、それだけでも大きな変革が起こるのですが、今回は相乗効果で非常にいい変化になったのです。

実際に、いままでにない新しい考え方を取り入れ、新しい形になったことで、より「わたしたちは、子ども主体の保育をしています」とPRできるようになってきています。

そして、それを見て

「本当はこういう保育をしたかったんです」

という求職者が大幅に増えました。

「学校では子ども主体と教わっていても、実際の保育は先生主導なんだ…」と違和感を持っていた人や、求めていた人物像に近い人たちが、どんどん応募してくれています。

スタッフの仕事意識が変わった

スタッフのなかには、経理関係の仕事をしていたところから、わが子の誕生がきっかけで、保育に目覚めた人もいます。

実務能力、決断力、思考力に長けた人だったので、トップの立場に就いてもらったところ、一気に園内のＩＴ化が進みました。このことで仕事の効率化が進むのはもちろん、

「なぜこの仕事をしているのか？」

という園内スタッフの意識も高まりました。

たとえばある子に
「ブランコに乗れるようになりたい」

という目標があったとします。

「その子に必要なのは、握力かな？　体感かな？　先生の説明の仕方かな？」

としっかり分析して、それに対して正しい手立てを見つけていくようになったのです。


ビジネスでは検証と実行が当たり前ですが、もともと福祉業界の人のなかに、それができる人はあまりいません。

異業種出身のその人だったからこそ、現場で愚直にこの試みを実践できたのでしょう。


そのスタッフの影響で、まわりも変わりました。いままでは

「この子はこういうことがよかったね」

となんとなく判断していた状態から、

「この子に対して、具体的に何をしなければいけないのか」

と目を向けられるようになっていったのです。


保育面では、いままでは「愛着」に対してばかり注目していたところから、数字の設定や配線の仕方など、かなり分析的で具体的な取り組みに変わってきてもいます。

このように、新しい考え方が入ってくることは、異業種の人材を採用する大きなメリットです。もちろん、そのためには、いい考え方を柔軟に取り入れるようにする、園の環境づくりも重要になるでしょう。

注意したほうがいいタイプの人もいる

サイコパスとソシオパス

組織を荒らしてしまう人のなかには、サイコパスとソシオパスという二つのタイプがいます。ソシオパスとは、反社会的な行動や気質を特徴とする精神疾患（パーソナリティ障害）を抱えた人のことです。

これは先天性（サイコパス）か、後天的（ソシオパス）かの違いと言われています。

後天的なソシオパスは、生育環境の問題で生じやすいそうです。

自尊感情の欠落が原因ではないかと思うのですが、生育環境で育まれてこなかったものを、大人になってから取り戻すことは非常に困難でしょう。

一方、後天的なソシオパスは、子どものうちであれば保育でも改善することができます。

親との関わりでなくても、

「保育園の先生が認めてくれた」

「学校の先生が褒めてくれた」

など、第三者に受けとめてもらえる場があれば、自尊感情を育むことができるからです。

そういった意味でも、わたしたち保育の仕事はとても大切だと自負しています。

このソシオパスの改善は12～13歳くらいまでが重要で、大人になってからでは本当に難しいと言われています。

ソシオパスの人には、組織に長居してもらわないほうがいい

発達障がいとソシオパスには似ている特徴が多く、ソシオパスの人は精神疾患を併発しやすいため、見分けることが難しいのです。

いま発達障がいの人の数が増えてきていますが、ソシオパスや精神疾患の人も、そのなかに含まれてしまっているからかもしれません。

どんな組織にいても、ソシオパスの人は、その場を破壊してしまいます。

これは、まわりにとって非常に大変なことです。

ソシオパスの人は、ひとつのコミュニティにとどまることができず、やがて抜けていく場合も多いのですが、逆に
「コミュニティに属したい」

という依存傾向が強い人もいます。


採用活動を行う際には、こういった人が増えてきていることを把握したうえで、園の理念や想いをしっかり打ち出していきましょう。

そして、その理念に合わない人は入れないようにすること。

もし入ったとしても、長居してもらわないようにすることが不可欠です。

組織には新陳代謝も必要

わたしも、最近になってようやく、離職率が低いことだけがいいことではないと気づくことができました。

もし問題のある人が組織に居続けた場合、働くスタッフたちが疲弊し、はかり知れない損失をもたらすからです。

組織には、ある程度の新陳代謝も必要なのです。

ソシオパスのようなタイプの人は、面倒見のいい人のところに寄って行って、場を破壊して去っていきます。透明な水に墨汁を1滴垂らすように、ひとりでも問題のある人がいると、残念ながら場の雰囲気は変わってしまいます。

ですから、理念や想いを考えるときの、運営側の想いの純度はとても大切です。

「どんな人と働きたいか？」

改めて明確にしてください。

想いの純度が高くなければ、理想の園は手に入りません。

本人が「やりたい」と言ったことに対しては背中を押す

いい提案が生まれやすくなる環境をつくる

社内会議（施設長会議）でのポジティブな提案に対しては、極力「NO」を言わないようにしましょう。保育環境をよりよくするための提案だと感じたら

「まずやってみて」

と背中を押すようにしてあげてください。

たとえば、

「タオルの使用からペーパータオルにしたい」

と言われたら、

「いいね、やってみよう」

「じゃあ、お金はどうする？」

と肯定してからさらに投げかけるようにしましょう。

そうすると、スタッフから
「衛生費をもらおう」

といった、実現に向けたアイデアが出てきます。

こうしたやりとりで、提案を具体的に実行に移していくのです。

やりたいという人の背中を押すことで、どんどんポジティブで、いい提案が生まれやすい環境になっていくでしょう。


審議が長く、採用されるかどうかがずっとわからない状態が続いたり、採用されないことが多かったりすると、提案する側の気持ちも萎えてしまいます。

その結果、提案のない文化が当たり前になってしまうことも…。

もちろんお金のかかることは採用までに時間がかかりますが、それでもきちんと実行されていくことが大切です。


わたし自身、もちろん無駄なことには「NO」と言いますが、実際のところ、あまり無駄なことを提案されたことはありません。

アイデアが実現できる環境になっていると、やる気のある人が残りやすくなることを実感しています。

提案する文化も育む

わたしたちの園のケースで言うと、スタッフから提案する姿勢については、保育現場で育ったスタッフも異業種から転職してきたスタッフも、大きく差はありません。これは、「提案することは正しいことなのだ」という文化が浸透しているからです。

さらに、園の備品を買いたいとき、断られにくいようにあえて若いスタッフが発言するようにするなど、各施設で工夫しながら提案してきます。

これはスタッフ同士が連携できている証拠で、とてもいい傾向です。

こういった経験を通して、若い職員たちも提案ができる人に育っていくのです。

組織の活性化に、提案する文化は欠かせません。

5章

リーダーを育てる

スキルより、人間力を重視する

どういうリーダーであってほしいかを明確にする

優秀な人とは、どんな人だと思いますか？

頭の回転の速い人や、いろいろな知識がある人、保育園であれば、リトミックができたり、ピアノが上手な人を「優秀な人」と呼ぶかもしれません。

ただ、それだけではリーダーにはなれません。

優秀な人がリーダーになる場合も多いのですが、ほかにも、リーダーには必要なものがあるのです。

保育園の場合、子どもたちが寄ってくる人、おかあさんや同僚たちが相談したくなる人です。人が集まってくる人間的な魅力「人間力」が、保育・福祉の業界では求められています。

たとえば、次のような経験をしたことがないでしょうか？

・学生の頃に何かに取り組んでがんばってきた
…受験勉強や部活に打ち込んできた。そのなかで挫折を味わい、克服した。
・どこかに旅した
…ひとりで未知のところに行き、いろいろな人に出会った。
・誰かに影響を与えられた
…何かの本を読んで感動した。映画を観て感動した、泣いた、怒った…。
・自分の感情を見直した
…失恋をしたあと、しあわせな結婚生活を送っている。

このように、プラスのこともマイナスのこともたくさん経験していくことで、人間としての枠が広がっていきます。両方を味わうことで、どちらかに偏りすぎなくなるかもしれません。一見マイナスに見えることも「経験値」としてはプラスになります。

そのほかにも、リーダーの任命を考えるときには、利他の精神で動ける人なのかどうかも重視します。思いやりを持って行動できる人は、相手に興味を持ち、相手に心を使うことができます。こういった人は、まわりから見ても、人間的に魅力的でしょう。

リーダーは完璧でなくていい

リーダーになるからには、スキルもある程度なければいけません。

ただ、完璧である必要はありません。

人間的に魅力と思いやりのある人は、まわりが助けてくれるようになっているものです。

わたし自身も、決して完璧ではありません。机も汚いですし、スケジュールを把握するのも苦手でまわりから連絡をもらうことも多く、いつも人に助けられています。


とくに保育などの福祉業界は、人と関わる仕事なので、完璧主義者には難しいでしょう。

「人間ってまあまあだよね」

というぐらいの感覚で人と接することができる人に、リーダーとなってほしいのです。

完璧主義者の場合は、正確さを求められる数字や、ひとりで完結するものが合っているかもしれません。リーダーの適性を見極められるようにしたいものですね。

求めるリーダー像はまわりを輝かせることができる人

園で求めるリーダー像を、日頃から明言しておく

自己主張の強い人はリーダーになるべきではないと、わたしは考えています。

ある程度のリーダーシップは必要ですが、強すぎるとチームに悪影響を及ぼしてしまうからです。ですから、研修の際などには、いつもこのように伝えています。

「あなたが輝くことは評価になりません。まわりが輝くことがあなたの評価につながります」

「あなたのチームが活躍することだけが、あなたの評価にはなりません。あなたが関わるチームや団体や部署を働きやすくすることが、あなたの評価につながります」

このように、リーダーとして何が求められているのか、どんなことをすれば評価されるのかを明言しておくといいでしょう。

もちろん、これだけではなく、リーダーには「責任感」も必要です。

いずれにしても、日頃から、求めるリーダー像を言葉にしておくことをおすすめします。

自己主張が激しい人、他者批判をする人、メンタルが安定していない人はリーダーにしない

一見目立つタイプの人に頼らない

経営者側は、スキルが高く、真面目で引っ張れる人をリーダーに選びたくなります。

どうしても、

「わたしはこれができます」

「わたしがやります」

と言う人に、頼りたくなってしまうものではないでしょうか。

ただ、次のような目立つタイプの人は、リーダーにしないほうがいいでしょう。

・自己主張が激しい人

・他者批判をする人

・メンタルが安定していない人

これらの特徴を持っている人は、ほかの人を蹴落として自分が上に立とうとすることが多く、精神的に安定しません。リーダーを任せてしまうと、大失敗をする恐れがあります。

たとえば次のようなことが起こりがちです。

・保護者からの批判や苦情が出ていることを報告しない
・自分に不利なことは認めたがらず、隠す
・絶対王政のような雰囲気をつくるので、誰も文句が言えなくなる

自己主張が激しく、他者批判をする人は、本当は自分自身が弱い面を持っています。

それなのに、一見「できる人」に見えるところが怖いところです。結局、最後は続けられずに、大きな花火を放つように辞めていくでしょう。

わたしたちの園でも、節目節目にこういった人がいましたが、全員辞めていきました。

辞めたあとを怖がらない

先にあげた自己主張が強い、他者批判する、メンタルが安定していない3タイプの人たち

は、エネルギッシュな一面も持っているので、ＩＴベンチャーや営業、スタートアップ企業などで活躍できるかもしれません。

ただ、一面焼け野原のようにして去っていくので、個人的には採用はおすすめしません。

こういった人たちには、このような特徴があります。

・ジプシーのように、いろいろな場所を転々とする
・まわりから批判をされても気にしていない
・誰かに寄生していく

メンタルが安定していなかったり、他者批判したりすることが多いと、まわりを疲弊させてしまいます。また、自分よりもできる人が嫌いなので、相手を陥れようとすることで、ターゲットにされた相手が精神疾患になってしまうことも…。

このように、周囲への悪影響が非常に大きいのです。

このタイプの人が辞めたあとには、かならず同じくらいできる人が育っていくものです。

先のことを怖がらずに、辞めてもらいましょう。一方、残ってくれた人は、会社に共感してくれている人です。その人たちに対しては、「評価」という形で返していきましょう。

リーダーの資質のある人の6つの特徴

リーダーに求めたい資質はいくつかあります。

1　思いやりを持って人に尽くせる人
2　人が集まってくる人
3　分け隔てなく人に接する人
4　まわりをよく見ている人
5　頭の回転が速くて実力がある人
6　優しくておっとりしていてあまり目立たない人（プレッシャーに負けやすい人は△）

このうち1～4の要素は、リーダーに必要なものです。

5・6はプラスアルファのオプションと考えてください。

こういった特徴は自然と発揮しているものなので、はっきり目立たないかもしれません。

6つ目のように、一見リーダー向きでないように見えても、リーダーに適している場合があります。6つの要素を押さえているか、ぜひ適性を見極める際の基準にしてください。

社内研修を積極的に行う

研修内容は役職によって変える

わたしたちの園では、基本的に研修を年に2回、年度始めと年度末に行います。保育リーダー、副主任、主任、施設長、それぞれに求める役割に特化した内容にしています。1月頃には、新しく役職に就く人に向けても研修を実施する予定です。

たとえば、保育リーダーに対しては、保育観の話をメインに行います。副主任に対しては、チームを統括するための視野の広げ方、主体性を持つこと、他人への思いやり、4つのルールの実践などをテーマにします。

研修で大切にしていることは、「対話」です。自分で考え、内省して、行動変容にまでつながるように促していきます。

そのため、できない自分に気づいて思わず泣いてしまう人もいるほど、深い想いを共有できる機会です。

研修の日は、基本的に9時半から始まり、午後3時くらいまで行います。午前から午後にかけて行うことで、ランチも一緒に食べられるよう設定しています。

とくに、まだ社会経験の浅い保育リーダーの場合、お弁当が届いても席を立たない人もいます。研修時には、そういった動きも確認できるようにしているのです。

研修では、グループワークなどのレクチャーは、総務や副代表がファシリテーターになって行い、代表は主に会社の理念について話をします。

研修を通して行動が変わっていく

研修では、ただ講義を聴くだけではなく、かならず現状で抱えている悩みを話し合う時間も設けるようにしています。どんな場面で困っているかという話などをしたときに、

「子どもたちにこうしてあげたいと思うけれど、自分はできない」

と、発表しながら思わず泣いてしまう人も…。

でも、そうやって想いを吐露するようにすることで、半年後には顔つきがまったく変わるのです。そのあとのフォローアップで、個別面談を実施したり自己達成シートなどを使ったりしていると、目標がブレなくなり、1年経つとまるで別人のようになります。

その反対に、いつまで経っても変わらない人は降格します。

研修内容は、参加者の様子を見て柔軟に変えていく

研修では、スタッフが悩んだり、落ち込んで考える時間をあえて持つことで、自己変容や行動変容につなげていきましょう。その人が自分で気づき、成長していけるように、研修ではその時々の様子を見ながら、毎回内容を変える工夫が大切です。

たとえば、

「今年のクラスリーダーは内気な人が多いな」

と感じたら、内気な人向けに話を変えてみる。

「マウンティングしそうなタイプが多いな」
と感じたら、思いやりや他人への配慮などが重要だという内容を多めに話す。
このように、相手に合わせてカスタマイズするのです。

研修日は1ヵ月前に共有し、2週間くらい前から、総務本部でメンバーを見て内容を考えていくといいでしょう。

社内研修を工夫して行うことで、スタッフが育っていく手応えを感じられるようになっていくはずです。

勤務年数より、能力と意欲を重視する

昇格後もリーダーとしての適性をチェックする

できる人をすぐに昇格させると、周囲からのやっかみがあるかもしれません。ところが人間力を重視して選ぶと、そういったことが起こりません。4つのルール（あいさつ、礼節、人の話を聞く、自分の意見を言う）を実践する人だからです。

誰からも認められている人がリーダーになるような配置にしますが、なかには問題のある人も…。役職に就いた途端に様子が変わってしまったり、今後の活躍に期待して副主任などに任命した人が、期待と違ってしまった、ということはあるのです。

そういった場合、わたしたちの園では面談を繰り返し、降格にすることもあります。時には退職も見据えた降格にすることも。これはそれなりの理由がある場合に行います。運営側が降格させるということは、相当の覚悟を持っているということなのです。

リーダーになってもらった以上、やはりチームにとってプラスにならなければいけません。

そうならなかった場合、ミーティングをしたり、ボーナスを減給にするなどして、本人にもわかるようにします。わたしたちの園では、10〜12月の個人面談で判断していきます。

降格の場合も対話を重ねて判断する

元気キッズグループでは、4月に昇格や配置転換をするのですが、そこでいろいろと問題が出てくることに対しては、個人面談や自己評価シートを振り返ります。まだ弱い部分を伝え、改善点と対策を共有しましょう。

それでも変わらなければ、まわりから不満が出ていることも伝えます。本人はがんばると言うものの、やはり変わらなかった…という経過を追うことも大切です。

面談を3回は繰り返して、必要なことを伝えていきましょう。

2〜3年で、問題点が変わらない場合は降格の判断をします。その際は揉めないように、いいところについては評価している、ということも伝えてください。

いいときと悪いときのムラがある場合や、組む人によって態度や仕事の質が変わる場合なども、やはりリーダーとしては適さないという理由で降格にします。

機械的に評価するのではなく、対話を重ねてアプローチをしていくことが大切です。

４つのルールを守れない人、他者批判をする人は降格させる

自己都合を強く主張する人はリーダーに向かない

４つのルール（あいさつ、礼節、人の話を聞く、自分の意見を言う）を守れない人、他者批判をする人がいると、その場でどのようなことが起こってしまうのでしょうか？

まず、４つのルールが守れないのは、自己都合を優先する気持ちが強いからです。自分が休日を取得することを優先することや、土曜日保育を意図的に自分のシフトに入れない…といったことをするので、ほかの人に負担がかかります。

こういったタイプの人は、人の手柄を自分の手柄にしてしまう傾向もあります。その分、周囲と信頼関係を築きにくくなり、不協和音のようなことが起こる場合も…。さらに、このタイプの人は、頻繁に他者を批判します。

告げ口したり、相手に対してかなり攻撃的になる人もいるため、場の空気がとても悪くなってしまうのです。

4つのルールを守れる人は、他者批判をしません。

ですから、ルールを守れるかどうかは、とても重要です。

誰もが自分を大切に思うところはあります。とくに自分のストレス度が高いときは、他者批判をしてしまいがちになるでしょう。でも、それにも限度があります。

「こんなにがんばっているのに、まわりは動いてくれない」

「どうしてわかってくれないんだ」

といった感情に陥りやすい人は、とくに人と関わる福祉の世界ではリーダーに向いていないと言えます。

目に余る行為が繰り返される場合には、ほかのスタッフたちを守るためにも、降格を検討しましょう。

実例　スキルに長けている人をリーダーにした結果、組織が崩壊…

スキルを重視すると失敗する

施設が増えて忙しくなってくると、ある程度決断ができて、スキルも高く、姉御肌タイプの人に頼りたくなってしまうのではないでしょうか。

わたしたちの園で、そのようなタイプの人をリーダーにして大失敗した経験をお話しします。

その人は、

「わたしは、こんなことも、あんなこともしている」

と、採用時の面接でアピールが強い特徴がありました。ただ、頼もしく感じたので、その人に、児童発達支援施設の2園目の立ち上げをお願いすることにしました。

1園目は元気キッズグループ出身の人が立ち上げ、2園目はその人が中心に運営することになったのです。

提案も多く、いろいろと改善もしてくれていたので、こちらもどんどん任せていました。とても勢いがあり、いつも自信満々に発言するので心強く感じていました。

周囲も、1園目の施設長に意見が言えなくて悩むことがあると、2園目の施設長に相談することが少なくなく、一見うまくいっているように見えていました。

ただ、実際はわたしにいい報告しかしていなかったのです。保護者とのトラブルが何回かあったらしいのですが、わたしはそれを1年間知りませんでした。

翌年、3園目の施設長として、とても優秀で、まわりのことも考えることができるスタッフに立ち上げをお願いしました。

そうして3つの施設ができたところ、2園目の施設長がマウンティングをし始めたのです。

3園目の施設長のことも、とても悪く言っていました。

園の様子を見ているうちに、あまり自由な雰囲気がなくなってきたため、だんだん
「大丈夫かな？」

と、わたしも疑問を感じるようになりました。

3園目の施設長のような、療育にも保育にも知見のある優秀なスタッフが出てきたため、

どんどん自分の地位が危うくなってきたことを感じたのだと思います。

日を増すごとに態度も悪くなっていったので、わたしからの指摘も増えていきました。

あるとき、その人が保護者に対してひどい言葉を言ってしまい、決定的なクレームがあがりました。このとき、結果的に謝罪の場に現れることもなく、辞めていきました。

自分をよく見せるのが上手な人に注意する

それから園内の調査を始めてみたところ、事業所に対してまったく協力的ではなかったり、関係部署にも横暴な対応をしていたことが次々と判明しました。

さらに、じつはいろいろなところからクレームがあり、園の不評が地域で広まっていたことが明らかになっていったのです。わたしも任せきりだったことを大いに反省しました。

一見、決断力も知識もあり、自分のことをよく見せるのが上手な人に安易に運営を任せると、大変なことになってしまうということはよくあるのです。

わたしは、このときの経験から、自分の判断だけではなくまわりの話も聞いて判断するという体制をつくるようにしました。

ポイントは、人間力があり、理念に共感してくれるリーダーなのか

トラブル後は、3園目の施設長を中心に会社を整え、1年くらいかけて改善していきました。この間に2園目にいたスタッフたちは次々と辞めていきました。

トラブルの影響がずいぶんおさまった頃、気がつくと、隣の市で事業所が立ち上がっていて、驚くことにその人が施設長をしていることが発覚。

そして、辞めたスタッフたちがそこにいました。次々に引き抜かれていたのです。

いまなら気づくことができますが、当時は見抜くことができませんでした。

人間力や理念に共感してくれる人が大切なのだと、痛感した出来事です。

実例 「人間力の高い人を評価する」と宣言した途端に組織が大幅に上向きに

人間力が上がると組織力も上がる

前項の出来事から学び、わたしが
「人間力の高い人を評価します」

と宣言したのは、国の取り組みで小規模保育が始まる頃でした。

スキルではなく、優しい人、思いやりのある人など、人としての魅力を重視する。

そうすることで、自己顕示欲の強い人よりも、まわりに人が集まってくる利他の精神のある人を評価するように変わっていきました。


その頃から、施設の数が倍になっています。

次々と素晴らしい人材が集まり、施設長を任せられる人材も増え、安定して運営できるようになりました。「人間力」を評価し始めたら、組織が大きく拡大していったのです。

6章

複数のツールを通して人を育む

研修は想いを浸透させる大切な機会

研修は、職員を講師にする社内制研修がもっとも有効

これまでにもたびたびお伝えしていますが、研修は想いを伝える貴重な機会です。職員を講師にして行う社内制研修が、もっとも園内職員たちの成長につながります。園の文化を伝えられるのは、そこで育ってきた人だけだからです。法人の文化は、内部で育まれていくもの。

保育観や会社が大切にしている文化は、外部の講師から教わることはできません。ですから、わたしたちの園では、一番優秀な役職者を講師に抜擢して研修を行います。

講師は数名いる状態が望ましいでしょう。

小規模保育向けの研修の場合は、小規模の施設長を講師に、認可保育園向けは認可の施設長が講師になるように、対象に合わせた研修を設けましょう。

研修は1年スパンで考え、計画的に実施する

研修は対象に合わせて、内容と研修回数を決めて、計画的に行いましょう。
・新卒者向けの研修
…入社時・1ヵ月後・半年後の年3回。1日かけて行います。
・転職者向けの研修
…入社時に1日。理念研修と保育研修に重点を置いて行います。
・役職者向けの研修
…随時実施。リーダーシップをテーマとした内容で、たっぷり1日とるようにしています。

研修の講師を担うときは、誰もが緊張しています。

でも、実際に担当してもらうと、人によって内容が異なるので、新しい発見やおもしろさを感じられるでしょう。

理念研修は入社時に代表が行い、理念への想いは事あるごとに伝える

理念は何度も伝えて浸透させる

会社は生き物です。

変化して成長していくものですから、代表でないと伝えられないことも多いでしょう。入社時の研修では、面談で伝えきれなかった想いや、こんな大変なことがあったというエピソードを共有しています。

理念に共感して入ってきてくれた人も、時間が経つと、自然と想いが薄くなっていくものです。しっかりと根づかせるためには、何度も繰り返し伝える工夫が必要です。

たとえば、わたしたちの園では次のことを意識しています。

・全員で集まる機会に直接話す

…年始のあいさつ、全体ミーティング（年度始め、年度末などの）など
その年のテーマと一緒に理念も改めて言葉にして伝えましょう。
・文章で熱い想いを伝える
・画面に貼り付ける
…ラインワークスなどの立ち上がり画面に、理念がわかるような写真を貼る。

たくさん目に触れるようにすることが、非常に有効なのです。

理念を繰り返し伝えて、全体に浸透させていくと、働く人たちがブレなくなっていきます。

また、理念に沿っていない人は、自然と園から離脱していきやすくなるでしょう。

自己評価シートの活用で、プロ意識が芽生える

持ち帰って記入してもらう

自己評価シートとは、自分のできたところとできなかったところを見直し、施設長や本部の評価を入れて、現状を把握できる状態になるシートです。

基本的な項目は大きく3つあります。

・会社で求める人物像に沿っているか
・4つのルール（あいさつ、礼節、人の話を聞く、自分の意見を言う）を守れているか
・理念に沿って行動できているか

社会人マナーや保育スキル、一般的に必要なこと、理念などを書き出しています。求める人物像が明確になるように、項目は毎年見直しましょう。

自己評価をしてもらうのは、年に2回、個人面談の前。しっかり内省してもらいたいので、休憩時間や自宅、業務時間外にゆっくり、2週間程度時間をかけて書いてもらいます。

自己評価シートの使い方と書き込み例

自己評価シートは、新卒から3年目、中堅、副主任、主任、施設長に分けておくと、より役割に合った項目を確認できるようになるでしょう。

3年以上と3年未満のスタッフでは、求める人物像が変わるため、自己評価シートの項目内容も変えます。新人の場合は、一般マナーや、保育、理念についてのことが中心です。年次が上がるにつれ、スキルや他者への貢献などの項目を増やしていきます。

評価シートは、面接でも活用します。自己評価シートには指南書もつけていますが、はじめは誰が書いても内容が薄くなりがちです。内容が薄かったり、いい加減な書き方をしているときには、個人面談で踏み込んでいくので、次第に内容がよくなっていきます。流れは、まず施設長との面談時に施設長がチェック。内容が足りない場合は本人に戻す場合もあります。次に、その内容をもとに本部と面談します。

このように、ずっと活用するので、書いただけで終わらせないことがポイントです。

面談で意識を合わせる

個人面談の目的は、一人ひとりへのフォローアップ

個人面談の目的は、評価することではなく、一人ひとりをフォローアップすることです。自己評価シートと面談では、悩んでいることや、逆に本人が考えられていないことが見えてくるでしょう。

面談時には、施設長が相談や問題に対して、職員のモチベーションをアップできるかどうかも大切です。うまくできない場合、本部に「こんな問題（相談）があります」と話が上がってくる流れになっているので、施設長の力量を判断するためのひとつの材料にもなります。

一人ひとりにフォローをしていないと、新人にかぎらず、職員はすぐに辞めてしまいます。

しっかり見ていれば、相手のできること、できないことがわかりますし、丁寧に対応していることで、職員の園への帰属意識も芽生えてくるでしょう。

面談では、8：2で相手に話してもらう

基本的に、個人面談は一対一です。
そのほうが、プライベートをさらけ出してもらいやすいからです。
自分の想いを内省する分、面談で泣いてしまう人もいます。
安心できる環境で、落ち着いて話ができるように場を整えましょう。
園のなかにそういった場所がなければ、近くのカフェなどを利用してもいいでしょう。
一人ひとりに合わせて、丁寧に行うことが大切です。

もしも、自己評価シートや面談時の内容が抽象的なときは、より具体的になるように促しましょう。たとえば、「主体的な視点」と「俯瞰した視点」の2つを意識して書いてもらうのがおすすめです。

・まわりがどのように動いていた
・〇〇先生がこういうことをしたので、こういう結果になっていた
・わたしはこの取り組みが大切だと思った

このように、まわりにも目を配れるように訓練していきましょう。

評価シートに、

「不安」

「〇〇先生とコミュニケーションがとれない」

といったネガティブなことが書いてある場合は、とにかく話を聞くようにしてください。

そのうえで、自発的に行動変容が起こるようにするために、4つのルールに立ち返るようにします。


面談は説教タイムにならないようにすることも重要です。相手に8割話してもらうことを心がけましょう。ただし、ただ課題を聞いて終わりではいけません。

「ほかの人に相談してもいい？」

と確認して持ち帰り、解決策を検討する、というのもひとつの方法です。

園のルール、文化を理解してもらう

評価シートで普段の自分を振り返られるようにする

悩んだときには、基本的には4つのルールに立ち返るだけでも効果があります。

ですから、ルールがしっかり浸透するように、評価シートにも
「園のルールを理解していますか?」

という項目をつくり、確認しましょう。

また、保育観がズレていないかどうかも、大切なチェックポイントです。

たとえば、給食を完食してほしいからといって、子どもたちが楽しむことが第一、という目的を見失わないようにしましょう。強制的に食べさせるわけではなく、子どもの様子を見ながら、少しだけ苦手なものを食べることをすすめる…など。

「子ども主体」とはどのような意味なのか、日頃から立ち返ることを代表自ら行いましょう。

自己評価シートをもとに施設長と面談し、結果を書き込んで本部でも面談する

自己評価シートは年2回、1回あたりの目安は30分程度で実施

わたしたちの園では、施設長との面談は、7月と10月の年2回実施します。4月から新しい年度が始まり、6月頃に悩みが蓄積し、転職を考えるのは秋頃です。ですから、このタイミングで施設長との面談ができるように設定しています。

本部との面談は年に1回、11～12月頃に行います。来年度に向けての話ができるように、この時期に設けているのです。1回あたりの目安は30分程度。

事前にシートを確認するため、2週間前には本部に自己評価シートを提出してもらっています。面接をする側も、事前にしっかり準備をして面接に臨んでいるのです。

普段から相手をしっかり見ていれば、

「顔色が悪いな」

「何か困っていそうだな」

と調子の悪さを感じるものです。施設長やリーダーは、日頃からスタッフとコミュニケーションをとって、相手の話を聞くようにしましょう。

「いまのはよかったね」

「これはどうやってやったの？」

と声をかけること、相手に興味を持って話を聞いてあげることが大切です。


雰囲気が悪いと感じる園は、園長先生が職員室にこもりがちです。

日常から、マネジメント層が、人手の足りないところに入ったり、大変そうなところに介入したりするほうが、スタッフ間で信頼関係を育むことができます。

リーダー層は部下・後輩に積極的に声かけをする

子育ての基本は、様子を見て、声かけをして、やりとりをすることです。

子どもたちが話したい様子を見せたら、話しやすいように声かけをしましょう。

そうすると、子どもの語彙がとても増えるようになります。

同じように、リーダー層は、部下、後輩の様子を見てあげる文化を習慣にしましょう。よく観察することや、よかったことを褒めること、ときには
「どうしてそうしたの？」

と質問することなども積極的に行ってください。

一度に長時間まとめてコミュニケーションをとるよりも、日常のなかでひと言でもコミュニケーションをとるようにすることで、信頼関係がしっかりと育まれていきます。

役職者たちが心がけたい習慣です。

7章

園が増えてきたときに気をつけたいこと

保育理念をわかっている人を立ち上げメンバーに入れる

外部出身者だけで構成すると、まったく違う園になってしまう

園ごとに雰囲気が違っていると、離職者が増える原因にもなります。

急拡大している場合は、とくに注意が必要です。

どの園でも同じような保育理念と雰囲気を保っていることが、とても大切なのです。

一貫した雰囲気をつくるには、すでに園の保育理念の文化が身についている人に組織の設計に関わってもらうことが、必須要素となります。

いくら入社研修をしていても、想いを共有するには時間がかかるものです。

各園で差異が出ないようにするために、雰囲気や空気感といった、経験から生まれる微妙なニュアンスも大切にしてください。

・「おはようございます」や「ありがとう」を言う
・言いたいことは素直に伝えて、相手の話を聞く

こういった文化を大切にできていれば、園の質を保つことができます。

園の文化を維持するために必要な人数は、10人のうち2人くらいの割合です。半数の4~5人いたら理想的ですが、新規園でそれを望むのは難しいでしょう。保育理念をわかっている人が10人中最低2人いれば、園の文化を維持できます。施設長と主任クラス、もしくは施設長と中堅クラスに、発信力のある人を入れてください。あとは、研修でフォローしながら文化を浸透させていきましょう。

一番ゆずれない理念だけを大切にし、そのほかは柔軟に対応する

他者への貢献で心が満たされる

立ち上げに関してゆずれないのは
・4つのルール（あいさつ、礼節、人の話を聞く、自分の意見を言う）
・少しでもよくなることであればすぐにやる。ダメなら元に戻せばいいという価値観
・子ども主体の保育
という部分です。それに対して、柔軟に対応してもいい部分は、物の配置や時間の変更、他園の素晴らしい取り組みの導入…などです。

人が一番しあわせになる道は、金銭や富ではなく他者への貢献です。
ですから、他者貢献という利他の心を、園全体で大切にしましょう。
誰かの役に立つということは、人生の究極の目的なのではないでしょうか。

一方、子ども目線ではなく、自分主体になる行動はNGです。

わたしたちの園では、エリアマネージャーや代表が園をまわり、気づいた点はすぐに伝えていくようにしています。たとえば、ある園でとても怒っている職員がいたときには、「怒らない保育」に反することなので、すぐに会議をして対処しました。

他園から来た先生から、わたしたちの園の軸に沿っていない意見が出た場合には、まず
「本当に自分たちに合うものか？」

と投げかけて、いいものであれば率先して取り入れています。

「よくなるために新しいことに挑戦する」

という約束の実践は、何事にも外部の意見を取り入れたり、柔軟に対応することにつながっています。

古参メンバーから「昔はこうだったのに」という声が出てきたときには？

会社の理念をしっかり表明する

どんなにいい園でも、昔はこうだったのに、という声はかならずあがります。古参メンバーほど、昔自分たちがやってきた礎があるからいまがある、という気持ちがわいてしまうのでしょう。ところが、その人たちに寄り添いすぎてしまうと、改革は進みません。

何か否定的な意見があがってきたときには、会社の理念をしっかり表明しましょう。

そうすることで、批判的な声も減っていきます。

もちろん、

「代表は変わってしまった」

と言われると悲しくなりますし、なかには辞めていく人もいるでしょう。

でも、理念に共感してくれるメンバーはほとんど残ってくれるものです。

人が辞めていくことを恐れすぎないことも大切です。

共感する人を集め、組織の新陳代謝を積極的に行う

ビジョンを明確にして組織を拡大していくと、共感してくれる人がかならず入ってきます。レベルの高い優秀な人が集まってくるでしょう。そういう人が集まったときに、内部の古参メンバーと新しい人が馴染めるようにすることも、本部、代表の重要な役割です。

「昔からいるから偉い。経験者だから偉い」ということはありません。新しいスタッフが入ってきた場合は、その人のよいところを見つけ、褒めて、文化に馴染めるように後押しをしてあげましょう。

新しい体制になるときや、園を拡大していくときには、多少辞めるスタッフが出てくることも覚悟しておいてください。

辞めていく人を見送るポイントは、嫌な思いをさせないこと。

感謝や応援の気持ちを伝えて、送り出しましょう。

1園から2園になるときに気をつけたいこと

園同士を比較したり、競わせたりしてはいけない

園を増やすとき、園長同士は競争するライバルではなく、同じグループとしてお互いに協力し合うことが大切です。代表は、同じ文化を持った園をつくるように心がけましょう。

（例）文化を移譲することができなかった2園目の失敗

どの保育園でも、2園目をつくるときは新しい人を雇う必要が出てくるでしょう。

わたしたちの園では、1園目を立ち上げて、半年間で2園目をつくりました。

このとき、代表が2園を兼任してエリアを見るようにし、2園目の園長を、外部からの新しい人に任せる方法をとったのですが、文化を根づかせることができずに失敗してしまいました。

マネジメントでも両園を比較して、競争させてしまって失敗しました。

2園目はベテランの経験者スタッフが多く、ノウハウもたくさんあったため、1園目の園長に

「向こうの園はこれもできるあれもできる。もっとがんばろう」

と言ってしまっていたのです。マネジメント側は鼓舞するつもりでも、言われたほうはおもしろくなかったことでしょう。

さらに、2園目は最初の園を尊敬する気持ちがなかったため、同じグループとしての協力体制をつくることができず、それぞれが孤立してしまったのです。わたしたちの園では、まだ文化ができていない開園1年目の段階で、まったく違う2つの園ができてしまいました。

人間同士、時間をかけなければ生まれてこない絆もあります。

このことは、園同士を比較したり競争させたりしてはいけないという教訓になりました。

文化をしっかり移譲していくために、2園とも同じ責任者にしてもかまいません。

代表がしっかりとオーナーシップを持って、文化を根づかせることが大切です。

文化がまだ固まっていないときには、変化することを恐れない

代表が変化を促すには、仕組みが必要

最初の園では、たった3ヵ月の間に、

「早く入った人が偉い。うちの会社はこうなんだ」

といった考えが生まれてしまいました。もちろん、これがいい保育だと信じて一生懸命やっている部分もあったかもしれませんが、変化を怖がっている保守的な一面もありました。

ところが、その姿勢では、それぞれの園のいい文化が共有されず、グループ全体も発展しなくなってしまいます。このときの経験が、4つのルールのあとの、

「少しでもよかったらすぐやってみよう」

という約束につながっています。変化に対応していく文化をつくるには、はじめから
「変化していきましょう」

と職員にしっかり伝えておくことが大切なのです。

1園目で育ったスタッフを2園目の施設長に置く

リーダーは役職に就けてから育てる

1園目から3園目くらいは、代表が施設長を統括するのが理想的です。
もしそれができない場合は、先述したように、しっかり園の文化を身につけているリーダーを新しい園に入れましょう。

また、1園目で育った人が2園目のトップになることで、園同士のトラブルを防げるようにもなります。このとき、リーダーはすぐには育たないことを前提に、代表がしっかり入ってサポートをするようにしてください。

大切なのは、はじめから完璧なリーダーを求めないことです。

2園から3園になるときに気をつけたいこと

1、2園目で成長した人をリーダーにする

2園から3園に増えるということは、さまざまな追い風があるときです。勢いがある場合は、3園くらいすぐにできてしまうこともあるでしょう。わたしたちの園も、3年で3園目が立ち上がりました。

ただ、そうなると新しい園の人材が足りません。もしここで新しい施設長を雇うと、204ページでお伝えしたことと同じ問題を起こしてしまいます。新しい文化を持った別の保育園にならないように、ここでも注意が必要です。

わたしたちが3園目で失敗したことは、また新しい施設長を雇ってしまったことです。同じ文化をつくっていくためにも、リーダーは1、2園目の文化が浸透している有望なスタッフに任せるのが理想的です。まだ育ちきっていないとしても、実践を通して成長してもらえ

ば問題ありません。スキルよりも、理念や文化を中心にリーダーを選びましょう。

代表が抱え込みすぎるとトラブルが起こりやすい

3園目の場合、職員が増えてきているので、庶務の問題が出てきます。雇用のトラブルを防ぐために、社労士や税理士、できれば弁護士まで整えておきましょう。これは代表業に差し障りが出ないようにするためです。

1、2園目のときまでは代表がマニュアルをつくり、エリアマネージャーのように動くこともできるかもしれません。ところが、3園目になるとほとんどが書類業務になり、動ける時間もなくなってしまいます。書類の入力作業などは、一般の社員でもできるように、早いうちから役割分担をしていきましょう。

わたしは10施設までは経理などをすべて自分でこなしていましたが、とても大変でした…。いまは総務部のなかで経理、労務、採用担当という専門のチームで行うようにしています。

ブレない理念を徹底的に園内に浸透させることが、良質な運営のカギ

代表が声の大きなメンバーに引きずられない

3園目になると、園内の間違いや問題、代表がさらに取り組みたいことなどが明確になってきている時期でしょう。1、2園目で見えてきた穴を解決できるよう徹底的に理念をつくり上げておくと、3園目の運営がスムーズになります。

目の前の課題を解決するだけでは、問題はなくなりません。どのような保育園にしたいのか、しっかりと理想を固めていくことが、代表の仕事なのです。

3園目くらいから、代表は現場のことがわからなくなってきます。

その対策のために、エリアマネージャーを加えましょう。

保育業界では、マネージャーを務めたがる人は少ないものです。つい、声が大きく「でき

る人」に見える人に任せてしまいたくなるのですが、ここでも注意が必要です。

マネージャーが自意識の高い人の場合、他者をマウンティングすることもあります。

元気キッズグループでも、過去にそのような人にリーダーを任せてしまったことがありましたが、その結果、離職率が3割以上になって、組織崩壊が起きてしまったのです。

外部から人を入れざるを得ない場合は、代表の想いを汲める人を採用する

外部から管理職者を採用するときには、代表は熱意を伝えることが大切です。

その想いに対して共感できる人であれば大丈夫でしょう。

そうでない人の反応はなんとなく違うので、しっかり見極めることが必要です。


このとき、まわりの職員にも相談して、自分たちの園に沿った人かを見てもらいましょう。

代表ひとりで決めないことがポイントです。

採用したあとで、何か違うなと感じた場合は、すぐに一対一で話すなどして、軌道修正してください。職員同士で揉めると、大概どちらかが辞めることになりますが、文化がしっかりしている園では、文化に合わない人が辞めていってくれる流れになるでしょう。

文化に合わない人が辞めるときには、不当解雇にならないような対策も必要です。

「3回の面談をした」

などと、やりとりを記録に残しておくといいでしょう。面談では
「あなたのやり方は理念に合っていないため、評価しません」

と理念を軸にした評価をしている事実とともに伝えるので、本人から辞めていくこともあります。

我が強く問題を起こす人は、降格や解雇などの懲戒も検討する

たとえば、パワハラをする人を辞めさせたいものの、なかなか辞めないという場合。

まず委員会を立ち上げ、面談を実施していきます。

面談は1ヵ月に1回のペースで、3ヵ月ほどかけてみてください。

1回目は施設長と面談して本人の弁明を聞き、そのあとの改善の様子を見ます。

2回目は総務が入り、3回目には代表と面談…という順番です。

もしもそれでも改善が見られない場合は、園から退いてもらうことになるでしょう。

ただ、日本は解雇に厳しい国です。

本人が退職を申し出る流れになるのが望ましいのですが、ここで絶対に気をつけてほしいのは、人格否定にあたる発言はしないということです。

「仕事像にズレがありませんか？」

「楽しく仕事ができないのでは？」

と投げかけるようにしてください。


もしも、いつまでも変わらなければ降格の措置をとります。

そうすると自尊心が傷つけられ、退職を選択する人が多いのです。

なかには、

「パートとしてでもいいので」

と働き続ける人もいます。

心を入れ替えて働いてくれる場合は本当に嬉しいことですが、数は少ないでしょう。

いずれにしても、スタッフと揉めることなく対策をとっていくことが必要になります。

実例　3園が分裂…

3園目で本物のリーダーが見つかる

わたしたちの園では、3園までの運営で、大きく3つの失敗がありました。

・声が大きい人をリーダーにしてしまった
・それぞれの園で違う文化が生まれてしまった
・代表が手一杯になって、現場を任せきりにしていた

こういったことが積み重なって、離職率が3割以上になってしまったのです。

このとき、
「面談で聞いたことと現場では違うことが起きている」

と、声を上げてくれた社員がいました。その人に
「わたしはこのような保育をしたいのです。代表はどのように思っているのですか？」

と聞かれ、薄々気づいていたものの、目を背けていたよくない状況と向き合うことができました。

その場でわたしも保育に対する想いをぶつけ、

「力を貸してほしい」

と伝えたところ、その社員は辞めることを思い直してくれました。

真摯に現場に向き合うスタッフの声に耳を傾ける

理念をしっかり掲げていくことがどれだけ大切なのか気づかせてくれる人が現れたときに、その声をキャッチすることはとても大切です。

その後は、この社員を中心に、現在に至るまで理念に沿った園づくりが進んできました。

現在、その社員が紡ぐ言葉は、元気キッズの基盤「怒らない・叱らない・伝える保育」という言葉になり、元気キッズの保育の基盤になりました。

5～6園になったときに気をつけたいこと

エリアマネージャーをかならず立てる

代表は、3園くらいまではなんとか統括できますが、4、5園目となると不可能です。目が行き届かなくなると、受ける報告と現場の解離があっても気づけなくなってしまうでしょう。現場の把握ができるように、ここで片腕となる人を立ててください。

こうした対策をしないと、代表では確実に抱えきれなくなってしまいます。

エリアマネージャーには、職員全員がこの人なら大丈夫だと認めてくれる人を立てるのが一番いいのですが、どうしても該当者がいないときには、代表と想いが近い人、心の通っている人に任せるのがベストです。

経営陣を増やす場合、注意するポイントがあります。

まず、お金の決裁権と、人の採用権は代表が持つことです。

月の備品代などの運営費は、定額を保育園に渡し、先生たちでやりくりをしてもらいますが、大きなお金に関しては、不正にもつながるため、エリアマネージャーであっても、決済権を与えないようにしましょう。

経営で注意するポイント

採用権も、代表もしくは本部が握っていたほうがいいでしょう。

ただ、代表がひとりですべてを決める必要はありません。

体験保育で、現場の人にもどんな人なのか確認してもらうようにしましょう。これは「代表がこんな人を採用したから大変だ」と、現場と揉めないためにも必要なことです。

どうしても人が足りなくて、まわりの賛成を得られない場合もありますが、そのときは研修や面談、配置転換などで社内制度を整えて対処していきましょう。

やはり人間関係なので、合わない人がいることは事実です。

ただ、若い人たちは、配置転換をするだけで再生する場合が多いでしょう。

代表自身が自分の心を保つ対策をする

相談できる人を見つけてメンタルケアの対策をする

事業の継続には、代表の心のケアも必要です。自分の力を過信してひとりで抱え込んでしまうと、不眠に陥ったり、心のバランスが崩れてしまうことがあります。有効な対策は、社内に信頼できる仲間をつくっておくことです。

規模が大きくなると、代表の気も大きくなり、人が変わってしまうことがありますが、そうなると人は離れてしまいます。

資金が増えても、まったく関係のない事業には手を出さないようにしましょう。そちらにエネルギーを取られてしまい、うまくいかなくなる可能性が非常に高いからです。

代表のメンタルのケアとして、事業のことをわかって導いてくれるメンターをつくるのもおすすめです。自分の弱さを吐き出せる人がいるのが理想的です。

総務を充実させる

雑務、実務、評価制度に力を入れる

代表が雑務を抱えていると、普段の保育がおろそかになったり、職員とのコミュニケーションをとりにくくなってしまったりするため、総務に人を雇う対策が必要になってきます。

とくに雑務、実務、評価制度の3点を充実させるといいでしょう。

評価制度については、3～4園くらいまでは感覚で評価する場合も多いかもしれませんが、評価軸をまわりからも明確にわかるように整えましょう。そして不満が出ないよう、しっかり評価を報酬に反映できる形に整えていきましょう。

時間が経つにつれて、新人、中堅、役職者それぞれの立場が定着してきます。

自己評価シートをつくり、職員に対して何を求めるのかを明確にしましょう。

そうすることで、会社としての安定感がずっと増します。

いつまでもできないと、職員の不満が見えなくなり、離職の多い組織になりかねません。

総務も理念に共感してくれる人を採用する

総務は、採用・評価担当にひとり、勤怠・給与関係にひとり、そして経理にひとりと、3分野にそれぞれひとりいる状態が理想です。わたし自身、5~6園の頃まで、給与チェックだけでなく、個人面談から雑務まですべて夜も寝ることなくこなしていました。

なんとかこなしたものの、心が壊れてしまいそうな状態に陥っていきました…。

この時期に多くの代表の心が折れやすいのも、よくわかります。

総務スタッフを選ぶ基準としては、理念に共感してくれるかどうかが重要なポイントです。いまわたしたちの園で活躍してくれている総務スタッフは、やっていきたいと思っている展望に、おもしろいと反応してくれたことが採用の決め手になりました。

たまたまベンチャー企業出身で社労士の資格もある人がパートで入社し、子育てがひと段落した段階で社員となり、必要不可欠な存在になってくれたというケースや、ベンチャー企業の企画営業出身者が採用担当になってくれ、いまではひとりで年間300人超とコンタクトをとって、60名超の社員採用を手がけてくれているケース…と、有力なメンバーが活躍してくれています。

しっかり園の文化ができていれば、もっとスケールできる

マニュアルを作成する

5~6園できた頃には、横展開ができるようになります。

いい文化が根づいていれば、ほかに必要なのは、マニュアル化です。園に必要なもの、対応の方法、服務規程などについて、施設長にお願いしてまとめましょう。

おそらく、ここに至るまでの時間の経過で、園ごとに取り入れているものはバージョンアップしているはずです。設備の違いに不満が出てくることもあります。

また、採用時期によって、給与の基礎金額が異なることも多いのではないでしょうか。不平等にならないように、社会との情勢に合わせて賃金体系を見直しましょう。

園のスケールのためにも、文化がしっかり根づいていることが必要なのです。

資金調達の術を磨く

試算表で数字を把握する

7～8園目くらいからは、新たにやりたいことが出てくる経営者が多いでしょう。ただ、お金がなければ、何も実現できません。資金調達で大切なのは、「試算表の数字」と「会社の状況」をしっかり把握しておくことです。1銀行とのお付き合いだけでは、資金を用意するまでに1年超かかることもあります。でも、それではスピード感が出ません。

資金調達のために、しっかりと試算表をつくっておきましょう。

試算表があって、はじめて会社は評価されるのです。四半期の試算表を持っておくと、最大半年ほど資金調達を短縮できる可能性があります。

勢いがあって急拡大していたり、補助金をうまく使えたといった理由で、かなり荒削りのまま経営している園も少なくないのですが、それでは何かあったときに大変です。

「銀行はお金を貸したがっている」という感覚を持とう

どんどんスケールしたいのであれば、創業融資をとりやすい地銀、および信用金庫、次にメガバンクという順番で資金調達していくことがおすすめです。

試算表をしっかりつくり、数字に問題がなければ、どの銀行も貸したくなるはずです。財務環境の把握をしているかどうかは、融資の審査にあたって非常に重要なポイントです。補助金はいろいろあるので、申請できるものはとっていきましょう。

民間保育園を開設するには、平均3億円ほどかかります。資金調達だけを考えると、医療福祉機構が一番手堅いのですが、1年半〜2年ほど時間がかかります。お付き合いのある銀行なら3ヵ月で実現することも。状況に合わせて、金融機関を変えましょう。また、銀行はお金を貸したがっているという感覚を持たなければ、スケールできません。人のお金で事業をすることが大切です。借りる場合は、100%融資が理想ですが、最初からは難しいでしょう。わたしの場合は、会社員だった26歳のときに500万円の自己資金と、500万円の政策金融公庫の借り入れから始めました。

10園以上を目指したいなら…

創業者がカリスマになる。いろいろなタイプがあっていい

どんな人でもリーダーやカリスマになれます。わたしの場合は誠実性のリーダーです。人に誠実に向き合うこと、理念を言い続けることでブレない想いが伝わり、信頼されるようになりました。強く言わなくても、想いを持って動いていれば、人はついてくるものです。

自分なりの強みを磨き、カリスマになりましょう。

借り物のカリスマになってはいけません。ただ、その人らしくあればいいのです。

カリスマには、内面に対する自信が必要です。

それには、誰とも比較しない自分の信念を持っていること。

目立たなくても、芯がしっかりしているところに、人は惹かれるのです。

繊細で感覚が豊かな、アーティストタイプの人もいます。

リーダー自身ができないところを、人に任せていけばいいのです。

代表の声をスタッフに伝え続ける機会を持つ

月に1回以上は、代表の想いを発信する

施設が増えると、代表とスタッフとの間に距離が生まれやすくなります。

パート職員が入社して3ヵ月後にはじめて会うというような状況では、理念や想いが現場でどんどんズレてしまうことになるでしょう。

そこで、代表の想いを届けるために、わたしたちはラインワークスなどで日頃から理念を共有しています。ほかにも、代表がニュースレターをつくって、その都度想いを共有するのもいいでしょう。いまではオンラインミーティングができるので、毎週15〜30分の施設長会議をしてもいいでしょう。

代表の想いの発信は一方向でもかまいませんので、こちらから発信する機会を、最低でも月1回は持つようにしてください。

自治体との関係を良好にする

担当者が替わるごとに良好な関係性を築く

自治体との関わりは、保育園にとってとても大切なものです。貢献する行動を心がけ、まずギブをしましょう。施設長には「自分の園にいいことばかりではなく、関係する地域や部署がいい状態になることが仕事」と伝えています。これは、エリアマネージャーも代表にも当てはまることです。自治体が困っていることに対して寄り添う心がけが、良好な関係をもたらします。

普段から担当者とよく話し、問題点や課題点が見えたときには相談をするようにしましょう。こまめに会話をして、コンタクトをとるようにすることが大切です。自治体は3年ごとに職員が交代するので、その都度同じように関係を築いていきましょう。

自治体から頼られる存在になる

求められていることに協力する

自治体は
「信頼できる団体に任せたい」

と思っているものです。日頃からの関係性を大切にすることで、頼られる存在になりましょう。そうすると、何か案件があったときに声をかけてもらえ、こちらの意見も言いやすくなります。では、頼られる存在になるためには、どのようにすればいいのでしょうか？

それは、自治体が求めていることを率先して行うことです。フローを丁寧に確認しながら、その都度寄り添うようにしましょう。

5園目あたりでは、実績を積んだことで、次の案件を任されるような存在になることを目指してください。それができると、ほかの自治体からも声をかけられるようになります。目先の利益にとらわれないで、まずは与えること。人間関係は本当に大切なのです。

アドバイスを受けながら資金の管理を行う

専門家に相談しよう

資金管理は、規模が大きくなるにつれて難しくなっていきます。どんぶり勘定では、うまくいくにも限界があるので、お金の専門家に相談することをおすすめします。町の商工会の人はわかりやすく協力的なことが多いでしょう。ほかにも、メインバンクのなかで、気の合う人に相談するのもひとつの方法です。

税理士が合わない場合、もうひとり相談者を探してもいいでしょう。

資金管理には、セキュリティーのためにも、園にあまり小口現金を置かないようにします。もし置くなら3万円くらいまで。キャッシュレス対策も重要です。

文化がしっかりできていないと、倫理観が破綻している人が入ってくることもあります。「もしかしたら、園やスタッフのお金が盗まれることがあるかもしれない」と、頭に入れておくようにしましょう。

地元の縁を大切にする

地元に関心を持つことで、ニーズをつかめてくる

これからの社会は、まわりの人をしあわせにするということが、評価につながっていくものです。そのためにも、地元が抱える課題に目を向けましょう。

課題を発見し、解決するために、ポイントは2つあります。

ひとつ目は展開地域です。施設を増やす際、ある程度職員が行き来できる距離で広げていきましょう。同一地域展開することで課題が見えてきます。

もうひとつは、土地・テナントの関係です。

必要な施設を増やすためには場所が必要です。地域の有力者や応援者、地元に密着している会社との縁があることによって、つながりが広がることもあります。

たとえば、地元に密着した活動をすることで、土地の情報、地域が求めているサービスがわかってくるようになります。

もし、地域支援協議会などの地域の委員に選ばれる機会があれば、積極的に参加しましょう。地元に関心を持っていれば、いい情報がどんどん入ってくるようになります。

10園以上を目指したい場合は、地元のいろいろな情報をもらえるかどうかということが、運を左右します。たとえば、市がどのように地域をよくしていきたいかという情報であったり、園の新設にこの土地を利用してほしいといった声がかかるのも、地域に根づいているからこそ。わたしたちの園でも、いい立地を紹介してもらえたこともありました。

地元でがんばっている保育園ほど、自治体や商工会とがっちり組んで、情報を取り入れて、新しい事業を展開しています。地域、地元に密着することはとても大切なことです。

これは実体験から学んだことです。

以前、市役所から駅前ステーション構想の連絡を受けたことがありましたが、結果的に、案件はそのテナントのオーナーと関係性の深い保育園に確定しました。

やはり、地域にどれだけ貢献しているかは判断されるポイントなのです。

福祉関係は横のつながりが多く、外部とのつながりがあまりない傾向があります。

ですから、自分からさまざまな勉強会や会合に顔を出すことが重要です。

【付録】

ゆずれない理念をつくる

自分の理念を明確にする

自分の歴史の見直しは誰かに聞いてもらって進める

これまでの自分の歴史を見直す際は、誰かにヒアリングしてもらいながら進めるのがおすすめです。代表ひとりで進めることもできますが、深めにくいのです。そのときの状況を深掘りしてくれるような誰かに質問してもらうといいでしょう。

たとえば、相手が家族の場合、言うのが恥ずかしくなってしまうかもしれません。社内の人のように利害関係がある人よりも、信頼できる友人などにお願いするのがおすすめです。作成時間は、わたしの場合1日かかりました。

年表のように、何歳のときに何があったか、生まれたときからの時系列で出していきましょう。

【付録】

ゆずれない理念をつくる

埼玉県朝霞市生まれ	1977年生まれ		
幼児	6歳、3個上の4人兄弟	空気を読む	
	漫画を描くことが好き		
小学校	神童	学校の勉強ができた、わからないことがなかった	
	お金に興味があった		
	年収1000万円のエリート商社マンになりたい	ネクタイしたくない	
中学校	サッカー部	軍隊みたい、理不尽	
	2年生までレギュラー、その後マネージャーに		
	成績も落ちた	偏差値30台に	
	挽回した	ゴボウ抜き	
高校	頭のいい人ばかり	みんなができすぎた	
	川越高校	自由、校則がない	
19歳	明治大学に現役合格	幼なじみの影響が大きい、憧れがあった	
	アメリカに二人で1週間、一人で2週間ニューヨーク	ビジネスマンかっこいい、おばあちゃんから奢ってもらった。やさしい。ジェントルマン	
21歳	アメリカに留学		
	起業したい		
	就職活動	厳しいところに入ろう、若手でも仕事を任せてもらえると聞いた	
	始発終電の生活		
27歳9月	起業、黒字化	フランチャイズフェア、保育事業	
	結婚した		
2011年		児童発達支援	勉強できたと思ったけど、周りにできる人がたくさんいる、背が小さい、お兄さんがイケメンだった
		保育	
		トータル支援	
			取材
		子どもたちが豊かになる基礎づくり	周りが気にならなくなった 自分の存在だけでいいのでは
43歳	着実に自分がしたいことを現実化している	思った通りになっている	ありのままの自分、ただそれだけでいい
		時代の追い風	

書き出したものから、気になる言葉に印をつける

次に、表の気になるポイントに印をつけましょう。

わたしが気になった言葉を抜き出すと、次のようになりました。

・勉強ができた。わからないことがわからなかった
・お金を稼ぐことに興味があった
・絵がうまかった
・小学生のとき、寝る前に毎晩、家族、友人のしあわせを願っていた
・毎日サッカーをしていた
・小学校6年生のときに、すでに年収を気にしていた
・ネクタイをしたくない
・中学生のときは暗黒時代
・理不尽が嫌い

こういった気になる言葉には、自分の価値観が反映されています。

印をつけた言葉を見ながら、自分の価値観をはっきりさせる

ピックアップした言葉から、自分のやりたいことは何なのかを見出していきましょう。

わたしの場合は
「優しさと豊かさを求めているのかな？」
と感じました。そこから、個人の理念である
「ありのままの自分で豊かに生きる」
という言葉が生まれたのです。

園の理念を定める

やりたくないこと、やりたいことを書き出す

ブレないためにも、まず先に個人の理念を洗い出してから、園の理念を明らかにしていくのがポイントです。個人と園の理念は、混同してもかまいません。会社は自分の想いが詰まっているものですから、個人の理念に肉付けしていけばいいのです。

表を見ていくと、

「このようなきっかけでこれを選んだ」

「なぜこの道に進んだのか」

といった、そのときの感情なども見えてくるかもしれません。

わたしは21歳のときには起業すると決めていたので、起業するために一番厳しい環境下に置かれる企業に就職することにしました。

そして、いろいろと考えながら進んでいるうちに
「真の豊かさとは何だろう」
というところに行き着きました。

表を見ると、43歳のときに
「思った通りになってきているな」
「ありのままの自分で、それだけでいいんだ」
ということが見えてきました。

「こういう価値観を大切に思っていたんだ」
ということを思い出しながら、理念づくりに入っていきましょう。
保育園の理念を明らかにする場合、どんなことをしていきたいのかというところまで考えてください。

キャッチコピーをつくる

引っかかるものがいい

わたしは、個人の理念である

「ありのままの自分で豊かに生きる」

というところから、会社の理念も考えていきました。ＳＨＵＨＡＲＩの会社理念である

「しなやかに、ひたむきに」

は、基礎づくりをしていきたいという想いに行き着いたところから生まれた言葉です。

「しなやかに、ひたむきに。時代の変化に対応するしなやかさと、本質的な価値を守るひたむきさを大切にしながら、家族にとって安心安全な環境を創造し、関わるすべての人の笑顔と豊かさを増やします」

一度つくってから馴染むまで、本当に合っているかどうか、よく見ていくようにしてくだ

さい。

しなやかに、ひたむきに：SHUHARI
この言葉は、柔らかさと硬さの認知不協和音のようなものが生まれる言葉です。
キャッチコピーは、このように、なんだろうと思ってもらえるものがいいでしょう。
エッセンスを凝縮しているキャッチコピーに対して、
「なぜこの言葉にしたのか」
を説明できるようにしておきましょう。

ひと言で言い切れるくらいシンプルに整える

キャッチコピーは、ひと言で言い切れるほどシンプルなものにしましょう。

会社案内をするときに、言いやすくなります。

わたしの場合は
「『しなやかに、ひたむきに』と言うと、どっちなのか、よくわからないですよね」

と言いながら、内容を説明するきっかけにしています。

シンプルで引っかかりのあるキャッチコピーにすると、印象に残りやすくなります。
キャッチコピーは、組織が変わってきたら、見直してもかまいません。
最初から完璧なものはできないので、はじめは荒削りなものでいいのです。
たとえば、
「5園以上になったときに、理念に則っておらず各園がバラバラになってきた…」
というときは、もう一度見直したほうがいいタイミングです。
園の理念は変わっていいので、10園以上になったときにも見直してみましょう。
ただし、全体がブレないために、個人の理念は変わらないようにしてください。
わたしは会社と事業で理念を変えています。
事業ごとに働く人の質も変わってくるからです。

自社サイトを知ってもらう

自社採用の窓口を設ける

求職者に直接応募してもらうには、自社サイトが有効です。
応募には、窓口の開示が必須です。電話番号やE-mailなど、園への連絡先がわからなければ、求人者も応募ができません。自社のサイトがなければ、SNSアカウントをフォローしてもらうのもよい手段でしょう。

自社サイトを知ってもらうには、大きく分けて2つの手段が有効です。

①Googleなどの検索に引っかかるようにSEO対策をする
②インターネットの検索連動型広告に出稿する

「①SEO対策」の専門家はたくさんいます。ぜひネットなどで調べてください。

ここでは、「②インターネットの検索連動型広告」を利用して、自社サイトをアピールする方法をご紹介します。

たとえば、Ｇｏｏｇｌｅのリスティング広告とは、検索者の「検索キーワード」が誘導したいサイトの「検索キーワード」とマッチした場合、検索結果の上位に広告を表示させることができるというものです。検索キーワードも広告費も自分で設定できるため、膨大なコストをかけなくても広告を出せます。

そして、裏技として伝えたいのは、インディード（Ｉｎｄｅｅｄ）の利用です。

求人に特化した検索エンジンで、求職者が求めている施設をピンポイントで表示してくれます。職を探している人が利用するので、有効性がとても高いのです。

こちらもクリックごとの課金になり、金額も自社で決められるため、コスト管理しやすくなっています。インディードの広告が、求職中の保育士の目に止まれば、必然的に自社サイトまでの誘客が可能です。

求人の掲載のマル秘情報

求人専用のサイトをつくる

ホームページは、本質的には採用のためというより、保護者や一般の人、地域の人、あるいは金融機関など、さまざまな人が見ることを想定して発信するものです。掲載する情報はいろいろと網羅されていますが、求職者向けに深い情報をまとめたサイトがあるとわかりやすいでしょう。


最後に、ちょっとした小技で、応募が続くようになる方法をお伝えします。

それは、求人施設を放置しないことです。

求人の必要がなくなった施設はすぐに求人を停止し、必要になったら掲示を開始する、という作業を細かく行うようにしてください。これだけでも変わります。

情報の更新はこまめに、常に最新の状態をキープしましょう。

今後の展望

保育の質を高めていく

わたしたちは、これからもっと

「子ども主体の保育が教育の本質だ」

という価値観を広めていく予定です。常に考え方をアップデートし、自分たちがレベルアップすれば、周囲に信頼され、また新しい道が拓けていくはずです。

待機児童問題は、2025年までにはある程度解消されると言われています。

2021年4月の時点で、すでに都内の認可・小規模保育園で定員割れが出てきています。

今後は、選ばれる園になるということがひとつの生き残る道になります。

そして、自分たちの園を信用ある保育園として広めていくことで、まわりから任され、頼られる存在になるのではないでしょうか。

いつでも「子ども主体の保育」という原点に立ち戻る

児童発達支援の分野も、まだまだ全国的にブラッシュアップが必要です。

保育型と個別指導型の2つの体制が主流ですが、課題は多くあります。

療育の質を上げることはもちろん大切ですが、早期療育が進む中で「分断」が進まないような支援、つまり子どもの未来の姿を見据えた支援が必要です。

「子どもたちが主体的に生きる」という考えを体現しながら、もっと「インクルーシブな保育環境」は工夫すればできるということを地域に広めていきたいと考えています。

良質な保育を実践するには、子どもたち主体の保育にコミットする園長先生を増やしていく必要性を感じています。

いままでの先生主導の保育という古い価値観から脱却しなければいけません。

風の時代を感じるいま、子ども主体の保育の大切さと、実現する方法を学んでいる保育園が増えてきている実感もあり、確実に大きく流れが変わってきているのです。

おわりに

本書を最後までお読みいただき、ありがとうございます。

最近、子どもたちの20年後はどうなっているか、ということをよく考えます。

不確実性の高い社会に変わっていくなかで、どのような人であれば豊かに生きていけるのかと思いめぐらせると、保育の分野でできることは、まだまだたくさんあるのではないかと感じています。


主体的に考えること、自分で深く学ぶこと、友だちと協力することができること。こういった環境と習慣があれば、子どもたちは生きる力を備えた大人になれるのではないでしょうか。

だからこそ、保育や療育、幼児教育の分野で、しっかりとした経営や運営が不可欠になるのです。人間が早急に対応していかなければならない環境問題に対する考え方も、これから子どもたちに伝えていきたいことのひとつです。

また、施設長や経営者には、ビジョンが欠かせません。

わたしがよく職員に伝えているのは、わたし自身が感化された

「なりたい世界に自分自身がなりなさい」

というガンジーの言葉です。

ビジョンや実現したい世界があるならば、それが現実になるように、まず自分自身が率先して変化していきたいものですね。できることはたくさんあるはずです。

＊

本書は、たくさんの方のご協力によって完成しました。

まず、株式会社サイラスコンサルティングの星野友絵さん。

粘り強くヒアリングを重ねていただいたおかげで、出版に至ることができました。

出版の機会をいただいた、かざひの文庫の磐﨑文彰さん。

理念を定めるにあたり、何をしたいのか見つめ直し、最適な言葉へ導くきっかけをくれた株式会社デイジーズの小倉なおよさん。

創業時よりずっとＷＥＢデザインを担当してくれている橋本順子さん。

試行錯誤を繰り返し、本書で紹介したノウハウをともにつくり上げてくれた、株式会社ＳＨＵＨＡＲＩの仲間たち。皆様、ありがとうございます。

うるさいことを言わず、好きなことをとことんさせてくれた両親。失敗を恐れずにとにかくやろう、という人間に育ててくれました。ありがとう。

そして、家族へ。

注意欠損傾向のわたしを、いつも粘り強く支えてくれてありがとう。

妻と、二人の子どもたちがいなかったら、いまの私はいません。

自分の人生に関わってくれているすべての方へ。ありがとうございます。

最後に読者の皆様へ。

いい意味でも、悪い意味でも保育園が注目されることが多いなか、園長先生が自信を持って保育園を運営することで、子どもたち、保護者、働く保育者皆がしあわせになれるはず。そんな想いから、わたしたちの運営方法が少しでもお役に立てればと、本書を執筆することにしました。

不確実性の高い世界（VUCA）がすでに到来し、これからは、自分軸が求められる時代になってきています。

「主体的で対話的で深い学び（アクティブラーニング）の実践をしよう」

と教育界ではよく耳にします。

そのためには、まずわたしたち保育者が自分軸＝主体性を持って、対話を重ね、日々の変化を恐れずに、互いによりよい世界をつくっていきましょう。

同じ志を持つ仲間たちと、子どもたちの20年後を支える社会の器を広げていけたらと、強く願っています。

２０２１年8月　中村敏也

本書で紹介した「自己評価シート」などのフォーマットをプレゼントします。

ＱＲコードを読み込んでいただくか、左記のＵＲＬにアクセスしてご登録ください。

https：//qr.paps.jp/RkYOn

中村 敏也（なかむら・としや）
株式会社SHUHARI 代表取締役
株式会社sopo 代表取締役
新座市子ども子育て会議委員
1977年、埼玉県朝霞市生まれ。
埼玉県立川越高校、明治大学経済学部卒業後、大手通販会社へ就職。
従兄に子どもが生まれたことをきっかけに、「保育園に入りたくても入れない」という待機児童問題に驚き、保育学や児童発達支援について学ぶ。2004年9月、埼玉県志木市にて「保育園元気キッズ志木園」を開園。以後地域のニーズに対応しながら小規模保育事業、認可保育所、病児保育、学童保育、児童発達支援事業、保育所等訪問支援事業所、相談支援事業所を開設。2021年現在で、地域に根ざした福祉事業所を24施設展開。
「日本教育新聞」「埼玉新聞」「保育雑誌月刊ひろば」など、多数のメディアで保育士の離職率の低さについて取り上げられる。「プレジデントオンライン」をはじめ、教育情報メディア「リセマム」にも記事やコラムを寄稿するほか、「コドモン」でセミナー講師を務めるなど、講演活動も多数。趣味はファミリーキャンプ、フットサル。古典からビジネス書、ライトノベルまで守備範囲の広い無類の読書好きでもある。

保育《ほいく》・療育《りょういく》で地域《ちいき》オンリー1になる
保育園運営《ほいくえんうんえい》の教科書《きょうかしょ》

中村敏也《なかむらとしや》著

2021年8月28日　初版発行

発行者　磐﨑文彰

発行所　株式会社かざひの文庫
〒110-0002　東京都台東区上野桜木2-16-21
電話／FAX 03(6322)3231
e-mail:company@kazahinobunko.com　http://www.kazahinobunko.com

発売元　太陽出版
〒113-0033　東京都文京区本郷3-43-8-101
電話03(3814)0471　FAX 03(3814)2366
e-mail:info@taiyoshuppan.net　http://www.taiyoshuppan.net

印刷・製本　モリモト印刷
企画・構成・編集　星野友絵（silas consulting）
装丁　重原 隆
DTP　宮島和幸（KM-Factory）

ISBN978-4-86723-050-3